W0045539

Mohammed

Lorenz Just, Jahrgang 1983, studierte Islamwissenschaften an der Universität Halle-Wittenberg und seit 2011 am Deutschen Literaturinstitut Leipzig. Während seines Studiums verbrachte er längere Zeit in Kairo sowie im Libanon am Orient-Institut in Beirut, bereiste den Jemen und Syrien. Zu Forschungszwecken war er zuletzt auch im Iran.
Im Frühjahr 2014 nahm er als Finalist beim MDR-Literaturpreis teil.

Mehr über unsere Bücher, Autoren und Illustratoren auf:
www.gabriel-verlag.de

Lorenz Just

MOHAMMED

Das
unbekannte
Leben des
Propheten

Gabriel

INHALT

Editorische Notiz:
Falls keine Übersetzung angegeben ist, hat der Autor den zitierten Text selbst aus dem Arabischen übertragen.

VORWORT

Vor einigen Jahren bestieg ich mit drei Freunden den Dschabal Musa, den Mosesberg oder den Berg Sinai. Um nicht im Strom der Pilger wandern zu müssen, hatten wir uns am Abend auf den Weg gemacht und eine Nacht auf dem Gipfel eingeplant. Der sinkenden Sonne hinterher, ging es die viertausend Stufen und siebenhundert Höhenmeter hinauf. Es wurde eine eiskalte und sternenklare Nacht. Während meine besser vorbereiteten Freunde in ihre Schlafsäcke krochen, musste ich mich in die stinkenden Wolldecken hüllen, die für Touristen bereitlagen. Acht Stunden waren es noch bis zum Sonnenaufgang, der die Wärme zurückbringen würde.

Murmelnde Stimmen und das Geräusch von Schritten weckten uns. Noch in tiefer Dunkelheit versammelte sich zu unseren Füßen eine Menschenmenge. Ich hörte Russisch, Italienisch, Portugiesisch, Englisch. Im schwachen Schein ihrer Taschenlampen waren sie den Berg heraufgestiegen und erwarteten nun frierend und erschöpft das viel gelobte Spektakel. Wir lagen in vorderster Reihe, direkt am Abgrund, mit Blick gen Osten.

Als die ersten Sonnenstrahlen hinter den kahlen Gebirgszügen aufblitzten, verstummten wir alle, die Pilger und christlichen Reisegruppen, die Touristen und auch die ägyptischen Händler. So nahe am Äquator, war es, als schieße der Sonnenball über den Horizont. Augenblicklich war die Kälte und Dunkelheit der Nacht hinweggefegt. Durch die klare Luft jagte der Blick weit über alle Grenzen hinaus, über das Rote Meer hinweg bis an die Gipfel des Hedschas. Tags zuvor erst hatten wir im Katharinenkloster am Fuße des Berges einen Ableger des legendären Buschs besichtigt, aus dem Jahwe zu Mose gesprochen haben soll. Jetzt schaute ich auf jene ferne Gegend, in der Gott seinen jüngsten Propheten erwählte. Die Schauplätze zweier, nein, dreier Weltreligionen verschmolzen in diesem Blick, und ich fühlte mich in jene vergangenen Zeiten versetzt, in denen das Warten auf den kommenden Propheten das Bild der Zukunft bestimmte.

Mohammed Ibn Abdallah, so hieß das Kind, das um das Jahr 570 am Rand der Arabischen Wüste das grelle Licht der Welt erblickte. Sein Name bedeutete zwar »der Gepriesene«, doch hatte es bereits als Ungeborenes einen großen Verlust erlitten. Der Tod des Vaters hatte Mohammed zur Halbwaisen gemacht und ihn zu einer Existenz im Schatten der arabischen Stammesführer bestimmt. In seinem vierzigsten Lebensjahr aber gab sich ihm ein anderer, ungleich größerer Vater zu erkennen: Allah, der Schöpfer der Welt. Mohammed wurde sein Gesandter. Bis zu seinem Tod kämpfte er zuerst mit dem Wort, später auch mit dem Schwert für die Verbreitung der Botschaft, die ihm offenbart wurde. Sein Vermächtnis ist der Islam, der heute den Platz der zweitgrößten Weltreligion einnimmt. So hatte bereits 570 Jahre nach Christi

Geburt die Lebensgeschichte eines neuen Propheten begonnen.

Doch nicht einen einzigen Tag in seinem Leben war Mohammed die riesige Verehrung entgegengebracht worden, die er heute genießt. 1,6 Milliarden Gläubige bekennen sich zum Islam, der inzwischen auf eine lange Geschichte zurückblicken kann. In den Köpfen und Herzen der Muslime lebt Mohammed als Vorbild für ein gottergebenes Leben und den wahren Glauben bis heute fort. In den Sammlungen seiner Taten und Aussprüche finden sie Antworten auf die Fragen des Alltags. Aber auch der **Koran**, das heilige Buch der Muslime, bleibt eng mit der Lebensgeschichte des Propheten verbunden. Viele Textstellen lassen sich erst entschlüsseln, wenn sie im Zusammenhang mit der überlieferten Situation ihrer Offenbarung gelesen und interpretiert werden.[1] So bedingt das Wissen vom Leben Mohammeds auch das Verständnis der ewig gültigen, göttlichen Rede. Während seiner letzten dreiundzwanzig Lebensjahre hatte Mohammed den Arabern den Weg zur Nähe Gottes gezeigt; als erinnerter Prophet tut er es für die Muslime noch heute. Er ist die zentrale Gestalt des Islam. Wer also erfahren möchte, wie ein Muslim die Welt sieht und versteht, der wird fragen, wer jener Gesandte Allahs war oder ist.

Eine Biografie Mohammeds wird immer zwei Geschichten erzählen, die unauflöslich ineinander verwoben sind: einerseits die Geschichte von der Geburt des Gesandten Gottes und dessen Leben und Wirken unter den Arabern des Hedschas – den Gründungsmythos des Islam. So heißt es in den islamischen Geschichtswerken, dass der Gesandte Gottes im Jahr 570 geboren wurde. Andererseits aber wird der Werdegang eines Arabers erzählt, der erst spät in seinem Leben seinen Anspruch, Prophet zu sein, durchsetzen konnte. In diesem Buch wollen wir die letztere der beiden Geschichten in den Vordergrund rücken.

Das Kind Mohammed Ibn Abdallah wollen wir auf seinen ersten Reisen durch die Wüste begleiten und fragen, was die Wunder, die ihm begegneten, zu bedeuten hatten. Und was ist bekannt über Mohammeds späteres Leben als arabischer Kaufmann, der im Dienste seiner wohlhabenden Frau die Karawanen anführte? Wie war es, als ihn ein Engel aufsuchte und zu ihm sprach, und wie haben seine Zeitgenossen darauf reagiert, als er ihnen die göttliche Botschaft aufsagte? Worin bestand diese Botschaft? Wer glaubte ihm? Was waren die Wunder, durch welche er seine Mitmenschen zu überzeugen versuchte? Und warum hat Mohammed zu guter Letzt seine Heimatstadt verlassen?

Diesen Fragen sind der erste und zweite Teil des Buches gewidmet. Mögliche Antworten werden immer wieder auf die Lebensgeschichten auch anderer Propheten verweisen, denen Ähnliches widerfahren ist. Oft finden sich in der überlieferten Biografie Mohammeds Motive der jüdisch-christlichen Prophetenliteratur wieder. Manchmal enthält auch die Offenbarung selbst Hinweise, die Mohammed an seine Vorgänger erinnern. Vor allem Mose, der von Gott die zehn Gebote erhielt, scheint ihm ein Bruder im Geiste gewesen zu sein.

Im dritten Teil, *Mohammed der Anführer*, befindet er sich im Kreis seiner Gemeinschaft in Medina und arbeitet aktiv an der Herausbildung des Islams als Religion mit. Seine Anhänger werden ihn als Gesandten Gottes anreden, ihn um Rat fragen und bitten, in Streitfällen zu schlichten. Die neusten Offenbarungen werden sie unmittelbar aus seinem Mund vernehmen. Vor allem aber wird sich seine Gemeinschaft zum wichtigsten Machtfaktor in der Arabischen Wüste entwickeln. Im rasanten Lauf der Ereignisse werden Schlachten, Belagerungen, Vertreibungen, Eroberungen und das Aushandeln von Bündnissen und Verträgen aufeinanderfolgen. Am Ende seines Lebens wird Mohammed die Gewissheit haben, die arabischen Stämme unter dem Banner des Islams vereint zu haben.

Wer einen Blick auf das Leben des islamischen Propheten werfen will, wird aber auch in eine Welt vorstoßen, die dem europäischen Erfahrungshorizont unbekannt ist. Die klassischen islamischen Quellen, die über das Leben und Wirken des Gesandten Gottes berichten, waren adressiert an Zeitgenossen, die bereits vieles über die Schauplätze ihrer Geschichte und die grundlegenden Bräuche und Gesetze jener Zeit wussten. Uns, die wir heute leben und im christlichen Kulturkreis, fehlt dieses Vorwissen. Allerdings bietet die europäische Forschungsliteratur, die versucht, die Entstehung des Islams im Hinblick auf Kultur und Geschichte zu erklären, ein ausführliches Hintergrundwissen. Sie wird uns Orientierung verschaffen, wenn die Reise nicht allein in das Gebiet des heutigen Saudi-Arabiens führt, sondern über vierzehn Jahrhunderte zurück in der Zeit, in die karge, damals weltvergessene Gegend, auf die ich meinte, einen Blick zu werfen, als ich vom Dschabal Musa aus der aufgehenden Sonne entgegen nach Osten sah.

MOHAMMED DER ARABER

DIE WÜSTE

Eines Tages im Jahre 570 erreichten die Familien des Beduinen-Stammes der Sad Ibn Bakr die Stadt Mekka. Sie hatten den weiten Weg auf sich genommen, um dem mekkanischen Stamm der **Quraisch** ihre Ammendienste anzubieten. Unter ihnen reiste auch eine junge Mutter namens **Halima**. Auf einer weißen Eselin war sie gemeinsam mit ihrem Mann und dem Sohn im Säuglingsalter nach Mekka gekommen. Auch sie suchte nach einem Neugeborenen, das sie mit in die Wüste nehmen könnte, wo sie es stillen und aufziehen würde wie ihr eigenes Kind.

Halima war aber fast so mager wie ihre Eselin, die es nur mühsam geschafft hatte, mit der Karawane der Ammen Schritt zu halten. Ihre Brust gab nicht genügend Milch, um den Hunger des Kindes zu stillen; sie war fast so leer wie das Euter der Kamelstute, die sie ebenfalls mit sich führten. Sie konnte kaum ihr eigenes Kind ernähren, wie wollte sie sich dann um ein zweites kümmern? Halima hatte den abschätzigen Blicken ihrer Reisegenossinnen getrotzt und darauf gesetzt, dass die Reise ihr Glück bringen werde. Aber weder war Regen gefallen, noch waren sie auf üppigere Weidegründe gestoßen. Das

Pech schien an ihren Fersen zu haften und die Ankunft in Mekka war eine sorgenvolle.

Es war ein Jahr der Dürre gewesen, und wohin auch immer sie und ihr Mann die Ziegen und Schafe getrieben hatten, sie waren am Abend nicht weniger hungrig als am Morgen von den Weidegründen zurückgekehrt. Wenn die Tiere aber nicht mehr als einen Halm zu fressen fanden, dann konnten sie auch nicht mehr als einen Tropfen Milch zu trinken geben. So hatten Tier und Mensch gleichermaßen unter der Dürre zu leiden – und die Eltern zusätzlich unter dem Weinen des hungrigen Kindes, das ihnen des Nachts den Schlaf raubte und sie zwang, ihr Zelt abseits der anderen aufzuschlagen.[2]

Die Lebensweise der Beduinen erlaubte es nicht, ausgiebige Vorräte anzulegen, die hätten helfen können, die regenarme Zeit auch ohne Hunger zu überstehen. Die Wüste versprach kein einfaches Leben. In ihrer eintönigen Weite boten nur wenige Felsformationen Abwechslung und Orientierung. Der Witterung verdankten diese Felsen ihre ausdrucksvolle, oft sprechende Gestalt: Sturm, die Eiseskälte der Nacht und die Gluthitze des Tages hatten den Stein zu riesigen Pilzen, Köpfen oder kauernden Tieren geschliffen. In einem Meer von Sand waren die Beduinen zu Hause. Die raue und unwirtliche Landschaft zwang sie, immer wieder die Zelte abzubrechen und sich aufzumachen zu den raren Weidegründen und Wasserplätzen.

In einem von andauernder Bewegung und Ortswechseln geprägten Leben war es nicht möglich, Besitztümer oder

Vorräte anzuhäufen, die nicht selbst auf ihren vier Beinen laufen konnten. Der Reichtum der Beduinen waren ihre Ziegen-, Schaf- und Kamelherden, die sie auf der immerwährenden Suche nach Nahrung durch die Wüste trieben. Die Tiere konnten beinahe alles liefern, was zum Überleben gebraucht wurde: Wolle, die zu Stoff für Kleidung und Zelte verarbeitet wurde, Knochen, um daraus Werkzeug zu schnitzen, und vor allem die tägliche Milch. Um all dies reibungslos zu bewerkstelligen, herrschte im Haushalt einer Beduinenfamilie klare Arbeitsteilung. Die Verarbeitung von Nahrungsmitteln und die Zubereitung der Speisen gehörten ebenso zu den Aufgaben der Frauen wie das Verspinnen der Wolle, die mit der Hand aus dem Fell der Tiere gezupft wurde, und das Weben von Stoffen. Die Frauen waren es, die die Zelte auf- und abbauten und den gesamten Hausrat auf den Lasttieren verstauten, wenn die Reise wieder einmal weiterging. Die Männer dagegen hatten die Herden zu hüten und zu versorgen. Bei Gefahr waren sie es, die für den Schutz ihrer Familien und ihres Besitzes einstanden.

In Zeiten der Not aber richtete sich der Blick der Beduinen auf die sesshaften Bewohner der großen Oasen. Ihre Palmenhaine schenkten reiche Ernte und füllten die Vorratskammern. Um das eigene Überleben zu sichern, scheuten sich die kriegstüchtigen Männer nicht davor, Siedlungen zu überfallen und ihre Gesundheit im Kampf zu riskieren. Neben der Dattelernte, Waffen und Gold galt es, auch solche Beute zu machen, die selber laufen konnte:

Für Gefangene konnten hohe Lösegelder von den Familien verlangt werden. Falls es keine vermögenden Verwandten gab, die das Lösegeld zahlen konnten, wurden die Entführten als Sklaven verkauft.

Ein Stamm konnte sich auch dazu entschließen, die Lagerstätten anderer Beduinen zu überfallen oder einer reich beladenen Handelskarawane aufzulauern. Eine solche *Razwa* war ein übliches, sogar angesehenes Mittel der schnellen Bereicherung. In der Arabischen Wüste gab es kein allgemeingültiges Gesetz, das automatisch jeden betraf, der seinen Fuß in sie setzte. Zuallererst war der Araber seiner Familie und Sippe verpflichtet, dann seinem Stamm. Der Einzelne lebte und handelte immer als Angehöriger dieses oft weitverzweigten Verbandes. Ihre unbedingte Gemeinschaft bot den Nomaden einen Weg, der kargen, gesetzlosen Wüste ein geschütztes und geordnetes Leben abzutrotzen. Nicht die Zugehörigkeit zu einem Land, einer Stadt oder zu einer gemeinsamen Religion, sondern allein die Zugehörigkeit zu einem Stamm stiftete Identität und Heimat.

Deshalb galt es als erlaubt, einen fremden Stamm, sei er nun sesshaft oder nicht, zu überfallen. Solche kriegerischen Unternehmungen festigten den Zusammenhalt unter den Männern. Wer die meiste Beute zurückbrachte – Herden, Gefangene oder auch Gold –, der wurde zusätzlich mit Ruhm und Ehre belohnt. Es war nicht das Ziel, sich gegenseitig auszulöschen und mit der Anzahl der Getöteten zu prahlen – zumal das Gesetz der Blutrache unerbittlich war.

16

Jeder Tote bedeutete eine Blutschuld, für die die Gemeinschaft des Totschlägers früher oder später büßen musste, mit einer hohen Auslösesumme oder ihrerseits mit einem Toten. Eine andauernde Blutsfehde, die viele Opfer forderte, konnte einen Stamm nachhaltig schwächen. Jede Art von Mord war folgenschwer. Es war also ratsam, einem Gegner Hab und Gut zu rauben, ihm sein Leben aber zu lassen.[3]

Die Bewohner der Wüste unterhielten natürlich auch friedliche Beziehungen zueinander. Sie verabredeten gemeinsame Beutezüge oder trafen Waffenstillstandsabkommen. Und vor allem die Händler der Städte waren auf Schutzabkommen für ihre Karawanen, die die Gebiete der Stämme durchqueren mussten, auf Gedeih und Verderb angewiesen.

Kein Bündnis oder Abkommen aber war stärker und zuverlässiger als verwandtschaftliche Beziehungen, die nicht allein durch stammesübergreifende Eheschließungen geknüpft werden konnten. Der Wunsch, solche Verbindungen einzugehen, hatte auch die Ammen der Sad Ibn Bakr ins Tal Mekkas gebracht.

Indem die Beduinenfrauen Säuglinge von edler Abstammung als Pflegekinder aufnahmen, auf dass diese die ersten Lebensjahre in der Wüste verbringen und zu starken und gesunden Kindern heranwachsen würden, konnten sie eine besondere Art der Verwandtschaft zu einflussreichen Familien der mekkanischen Quraisch herstellen: Die sogenannte Milchmutter galt fast ebenso viel wie die echte Mutter. Auch die Milchbruderschaft bedeutete ein starkes verwandtschaftliches Band. Und diese Verwandtschaft war keine rein symbolische: Bei den Arabern galt die Brust als ein Kanal der Vererbung, durch den die Eigenschaften der Amme auf den Säugling übergingen. So war es auch nicht erlaubt, dass ein Ziehkind eines der leiblichen Kinder seiner Amme heiratete.

Als die Frauen der Wüste in Mekka eintrafen, wurden sie freundlich empfangen. Man bat sie herein, ließ sie auf prächtigen Teppichen Platz nehmen, bewirtete sie großzügig und präsentierte unauffällig den Reichtum des Hauses. Die mekkanischen Frauen zeigten sich in seltenen Gewändern, die nur auf den dortigen Märkten zu erstehen waren, servierten Tee in verzierten Bechern und sprachen gern über die weiten Reisen der Männer, deren Karawanen sie bis ins ferne Syrien oder tief in den Süden, in den Jemen brachten. Den Augen der Beduinenfrauen entging keines dieser Details.

Zwar waren es die Quraisch, die von ihren weiten Handelsreisen als Kaufleute große Reichtümer ins sichere Mekka brachten und ihre von außen so kargen Festungen füllten. Die Beduinen aber waren es, die über einen anderen Reichtum verfügten, der wohl kaum mit Gold aufzuwiegen war. Es war der Reichtum der Wüste, der nicht so leicht zu fassen ist wie ein Klumpen Gold oder ein feiner Umhang und der allein durch das Leben in der Wüste zu erwerben ist.

Was aber war der Reichtum der Wüste und ihrer

Bewohner, den sich die Mekkaner für ihren Nachwuchs erhofften? Warum sollte eine Mutter ihr Kind einer Amme überlassen, die es weit fort, hinaus zu den Lagerplätzen ihres Stammes, tragen würde? Zuallererst schenkte die Wüste Gesundheit. Die Städte waren von Menschen und Tieren überfüllt, die Häuser und Straßen eng. Es gab keine großen Flüsse, die Unrat und Mist hätten hinausspülen können. Die Wüste aber war übervoll von frischer, unverbrauchter Luft. Sie war reinlicher, als es die Städte der Oasen und deren Wasserquellen je hätten sein können. Mit jedem neuen Abbruch der Zelte wurde die tägliche Notdurft zurückgelassen. Die Menschen waren auch nicht derart zusammengedrängt, wie sie es in den Siedlungen der Sesshaften waren, wo sich Krankheiten und Epidemien schnell ausbreiten konnten. Gefährliche Fieberkrankheiten waren vor allem in den Gebieten der großen Oasen an der Tagesordnung. Die unter der sengenden Sonne stehenden Gewässer boten Lebensraum für Stechmücken und all die Krankheiten, die von diesen übertragen werden.

Die Wüste und die Lebensweise, die sie ihren Bewohnern auferlegte, schützten den Körper. Sie forderten aber auch den Geist auf besondere Art und Weise. In ihrer für das menschliche Auge so unfassbaren Weite war die Wüste immer schon ein Ort gewesen, der den Weisen und Asketen nicht fremd war. Viele der noch heute bekannten Propheten und Gottsuchenden haben dort Erkenntnis, höhere Einsicht oder gar Erleuchtung gefunden. Wer einsam durch die Wüste wandelt, dem werden die Götter und Geistwesen dieser Welt sich zeigen – sie ist ein Ort, der allein durch seine Beschaffenheit den menschlichen Geist reinigen, aber auch verwirren und ängstigen kann. Der menschliche Geist manifestiert sich in der Sprache. So scheint der, der die Sprache beherrscht, auch der Wüste gewachsen zu sein. Es verwundert nicht, dass den Beduinen die Sprache eines der höchsten Güter war.

Die Sprache gab aber nicht nur dem Geist eine Form, sie war es auch, die den Ruf eines einzelnen Helden und seines Stammes bis weit in alle Himmelsrichtungen verbreiten konnte. Zu bestimmten Zeiten im Jahr versammelten sich die Bewohner der Wüste um ihre Heiligtümer, wie auch die **Kaaba** in Mekka, das heilige Haus Abrahams, eines war. Während dieser Zeiten der Pilgerschaft war jedes kriegerische Handeln in weitem Umkreis der Heiligtümer verboten, und so eigneten sich diese für allerlei stammesübergreifende Zusammenkünfte. Die großen Märkte wurden in diesen Zeiten abgehalten. Die Dichter der arabischen Stämme nutzten den temporären Frieden, um sich zu versammeln und miteinander in Wettstreit zu treten. Durch den Vortrag ihrer Verse vor einem Publikum, das die gesamte Arabische Wüste repräsentierte, konnte ein Dichter Ruhm für sich und seinen Stamm erlangen.

Die Beduinen, die weder Paläste noch Tempel errichteten, die also nichts von Dauer hinterlassen würden, wussten, dass der Ruf ihres Stammes eng verknüpft war mit der Größe ihrer Dichter. Nur durch das lyrische Wort, das von Mund zu Mund und von Generation zu Generation getragen wurde, würde der Ruhm ihres Stammes vielleicht die Zeiten überdauern. Das reinste und edelste Arabisch fand sich daher nicht in den Ballungszentren der Sesshaften, die ihre Kraft darauf verwendeten, Handel zu treiben, Besitztümer anzuhäufen und Festungen, Paläste oder auch Grabmäler zu errichten. Die wahre Hochsprache würden die Kinder der mekkanischen Quraisch allein in der Wüste erlernen können.

> »So sind wir: Wenn die Wolken am Abend den
>   fetten Bäuchen der Schafe gleichen und der kal-
>   te Wind den Himmel rötet
> und eisigen Nebel herantreibt, dessen Reif die Zel-
>   te wie weiße Baumwollflocken bedeckt,
> die Hengste, um sich zu erwärmen, vor den Mut-
>   tertieren tänzeln, während der Hirte seine kal-
>   ten Finger reibt,
> und die fetten Kamelstuten, trächtig im zehnten
>   Monat, zurück zu den Lagerstätten gebracht
>   werden, bis die Sommerweide wieder blüht,
> dann lassen die Frauen des Stammes über Nacht
>   die Kessel kochen, und jeder erschöpfte, hart
>   bedrängte Gast findet bei uns Unterkunft.«[4]

Nach einigen Tagen ihres Aufenthalts in der Stadt war die Karawane der Ammen bereit, wieder aufzubrechen. Fast alle der Frauen waren sich mit einer der mekkanischen

Familien einig geworden und hatten einen Säugling in ihre Obhut genommen. Allein Halima hatte niemand ein Kind anvertrauen wollen, sie war zu arm, zu elend. Sie grämte sich, die anstrengende Reise vergeblich unternommen zu haben. Der Spott und Hohn ihrer Gefährtinnen war ihr gewiss. Da erinnerte sie sich eines Jungen, der Halbwaise war und ihr gleich zu Beginn von seinem Großvater und der verwitweten Mutter angeboten worden war. Sie hatte ihn, wie auch die übrigen Ammen, abgelehnt. »Ein Waise! Was können seine Mutter und sein Großvater schon für uns tun!«, waren ihre Worte gewesen. Nun war sie bereit, ihre Meinung zu ändern, und sprach zu ihrem Mann: »Bei Gott, ohne einen Säugling kehre ich nicht zurück! Lass mich deshalb jenes Waisenkind holen und es mitnehmen.«

»Vielleicht wird Gott uns dafür segnen«, sagte ihr Mann und gab sein Einverständnis.[5]

Sie holte das Kind bei der dankbaren Mutter ab und kehrte mit ihm zur Lagerstätte der Karawane zurück, wo sie sich im Schatten des Zeltes niederließ. Das Kind lag auf ihrem Schoß, noch war es wohlgenährt und gesund. Es blickte friedlich ins Ungefähre, die kleinen Arme ruderten ziellos durch die Luft. Halima seufzte, als sie ihre weiche Brust entblößte, um es das erste Mal zu stillen. Die Lippen des Kindes schlossen sich gierig um die Brustwarze. Wieder seufzte Halima. Plötzlich aber spürte sie, wie unter dem kräftigen Saugen des Kindes ihre Brüste anzuschwellen begannen. Ungläubig und voller Verwunderung starrte sie auf den Knaben. Ihre Brüste wurden so voll und prall, als wäre es nicht das Kind, das von der Brust trank, sondern andersherum, die Brust, die vom Kind trank.

Kurz darauf stürzte ihr Mann zu ihr, um freudestrahlend zu berichten, dass die Euter der alten Kamelstute sich auf wundersame Weise gefüllt hätten. Zum Beweis brachte er eine Schale warmer Milch, die Halima, noch während das Kind an ihrer Brust lag, trank.

Nun brach eine Zeit an, in der Halima und ihre Familie den Hunger vergaßen. So groß war der Segen, den das Kind gebracht hatte, dass Halima zeit ihres Lebens nicht müde wurde, davon zu berichten: »Bei Gott, es gab kein unfruchtbareres Land als das Gebiet unseres Stammes, doch seitdem dieser gepriesene Knabe bei uns war, kehrten meine Ziegen und Schafe am Abend fett und voll mit Milch von der Weide zurück!«[6]

Vielleicht hatte sich Halima auch von den geheimnisvollen und vielversprechenden Gerüchten, die das Kind und seine Herkunft betrafen, dazu bewegen lassen, sich seiner anzunehmen. Vielleicht hatte ihr die Mutter des Kindes, **Amina**, von der Stimme erzählt, die sie vernommen hatte, als sie noch zutiefst betrübt war vom Verlust ihres Mannes, dessen Sohn sie unter dem Herzen trug. »Du hast empfangen den Herrn dieses Volkes, und wenn er geboren wird, so sprich: ›Ich gebe ihn in die Obhut des Einzigen vor dem Übel eines jeden Neiders!‹ Und nenne ihn Mohammed, der Gepriesene!«, hatte die Stimme zu Amina gesprochen.[7]

Der Auserwählte unter den alten Arabern

So erzählt es die *Vita des Propheten*, aufgezeichnet von **Ibn Ishaq**. Auf der Suche nach Überlieferungen und Informationen über die Entstehung des Islams und das Auftreten des Gottgesandten hatte dieser große Gelehrte in der ersten Hälfte des achten Jahrhunderts das inzwischen riesige islamische Reich bereist. Von seinem Geburtsort Medina aus war er nach Nordafrika gekommen, um in Alexandrien zu studieren. Später gelangte er über Mesopotamien bis ins nördliche Persien. Als er sich dann in den 750er-Jahren am Hof des Kalifen in Bagdad niederließ, verfügte er über einen gewaltigen Schatz an Wissen, der es ihm erlaubte, das erste umfassende Geschichtsbuch des Islams zu verfassen. Aus diesem Geschichtsbuch, das heute zu großen Teilen als verschollen gilt, löste ein weiterer Gelehrter zu Beginn des neunten Jahrhunderts die *Sirat an-Nabawiyya* (Vita des Propheten) heraus. Jener Ibn Hischam kürzte und verdichtete den Bericht, fügte knappe Erklärungen ein und formte so den Text über das Leben Mohammeds, der bis heute kanonisch das Bild des islamischen Propheten und seiner Lebensgeschichte prägt, bekannt als die *Sirat an-Nabawiyya* des Ibn Ishaq.[8]

Dass diese »Biografie« mehr ist als eine nüchterne historische Wiedergabe von Faktenwissen, zeigen die vielen wundersamen Ereignisse, die bereits den Knaben Mohammed als wahren Gottgesandten ausweisen. Vor allem die Geschichten über seine Geburt und die ersten Lebensjahre scheinen in der Tradition einer »Prophetenliteratur« zu stehen – jenen Erzählungen über die großen spirituellen Führer, in denen sich Legende und Historie vereinen. Hörte nicht auch Maria während ihrer Schwangerschaft mit Jesus eine Stimme, die ihrem Kind ein großes Schicksal verhieß? Und war es nicht Mose, der in einem Korb dem Nil übergeben wurde, nur um als Prinzensohn am ägyptischen Königshof aufzuwachsen? Ist nicht Jesus, der Gottessohn, in einem Stall zur Welt gekommen, wo er kurz darauf schon von drei Königen besucht und beschenkt wurde? Die Erzählung von Mohammed, dem Waisenkind, und seiner Amme Halima scheint dagegen geradezu bescheiden und zurückhaltend. Jedoch zeigt sich auch hier, dass das Kind, sei es auch noch so wehrlos, arm und verlassen, den Schutz einer höheren, verborgenen Macht genoss.

Von einem weiteren legendenhaften Ereignis aus der Kindheit Mohammeds, das ihm in der Obhut seiner Amme widerfahren ist, wird in der *Sirat an-Nabawiyya* berichtet. Gemäß der Überlieferungstradition früher islamischer Geschichtsschreibung gibt Ibn Ishaq den mündlichen Bericht der Amme Halima wieder. Von verschiedenen Mittelsmännern wurde er über die vielen Jahre, bis Ibn Ishaq ihn endlich niederschrieb, weitererzählt.

»Zwei Jahre«, so erzählte Halima, »waren vergangen, in denen die Gnade Gottes mit uns war. Da entwöhnte ich Mohammed, der längst zu einem kräftigen Kind herangewachsen war. Als wir eines Tages aber seine Mutter besuchten, befürchtete ich nun, dass sie ihn bei sich behalten würde. Nach all dem Segen, den wir durch ihn erfahren hatten, wollte ich ihn nicht ziehen lassen, und bat sie inständig: ›O lasse ihn noch bei mir, bis er größer ist. Ich habe Angst um ihn wegen der Pest in Mekka!‹ Sie war einverstanden und wir kehrten zurück.

Einige Zeit darauf hüteten Mohammed und sein Milchbruder nicht unweit der Zelte die Schafe, als ich plötzlich die angsterfüllte Stimme meines Sohnes vernahm, der eilig herangelaufen kam. ›Zwei Männer, weiße Gewänder, haben ihn gepackt, meinen Bruder, ihn zu Boden geworfen, die Brust aufgerissen, sie schütteln sein Herz!‹, rief mein Sohn, und sofort sprangen mein Mann und ich auf und liefen zu Mohammed. Mit bleichem Gesicht, den Blick starr auf den Horizont gerichtet, stand er da. Mein Mann legte ihm die Hand auf die Schulter, fragte: ›Was ist passiert?‹, und Mohammed antwortete in leisen Worten: ›Zwei Männer kamen, warfen mich nieder, öffneten meinen Leib und suchten etwas darin.‹

Wir brachten ihn zum Zelt zurück, hießen ihn, sich hinzulegen und sich auszuruhen. Er war unversehrt, kein Blut, keine Wunde an seinem kleinen Körper, nichts Ungewöhnliches war zu erkennen, bis auf ein ovales Muttermal auf seinem Rücken, und so sorgte ich mich nicht. Als ich aber hinaustrat, nahm mein Mann mich zur Seite und sprach zu mir: ›Halima, in den Jungen ist ein Geist gefahren. Gib ihn seiner Familie zurück, bevor er sich offen an ihm zeigt!‹«[9]

Ibn Ishaq lässt auf den Bericht der Amme einen weiteren Bericht folgen. Diesmal aber ist es Mohammed selbst, der Jahre später als erwachsener Mann, nach diesem Ereignis gefragt, erklärt, was sich wirklich zugetragen hatte: »Zwei Männer in weißen Gewändern waren auf mich zugekommen. Sie trugen ein goldenes Becken, gefüllt mit Schnee. Sie ergriffen mich, öffneten meine Brust und hoben mein Herz heraus, öffneten es ebenfalls und entfernten daraus einen schwarzen Klumpen von geronnenem Blut, den sie fortwarfen. Darauf wuschen sie meine Brust und mein Herz mit dem Schnee und setzten es zurück an seinen Platz.«[10]

Die Geburt und das Leben eines Gottgesandten können keine normalen Ereignisse sein. Von Anfang an muss sich eine gewisse Einmaligkeit und Auserwähltheit zeigen. Das Kind Mohammed, so fürchtete noch der Ehemann Halimas, sei von den Geistern der Wüste, den *Dschinn*, befallen. Als aber seine göttliche Berufung offen zutage getreten war, wurde damit auch offenkundig, dass es nicht *Dschinn*, sondern Engel gewesen waren, die Mohammed bereits im Kindesalter für seine spätere Aufgabe vorbereiteten und ihn vom Bösen befreiten.

Die heidnischen Araber, die an viele Götter und Geister glaubten, wussten die Geschichten, die diesen wunderlichen Knaben von früh an begleiteten, nicht zu deuten. Das Phänomen der Prophetie war ihnen nicht so vertraut, wie es den Juden und Christen war. So sollte es auch ein christlicher Mönch sein, der als Erster die Zeichen zu lesen verstand.

Etwa in seinem neunten Lebensjahr – wieder folgen wir in groben Zügen dem Bericht des Ibn Ishaq – nahm sein Onkel **Abu Talib** Mohammed mit auf eine Handelsreise ins ferne Syrien. Für Mohammed, der sonst das Leben eines Hirtenjungen führte und die Tage auf den Hügeln um Mekka oder in den Schluchten der Täler allein verbrachte, muss eine solche Reise eine große Abwechslung gewesen sein. Seine Mutter war früh gestorben, sein Großvater zwei Jahre darauf. Inzwischen lebte Mohammed im Haushalt des Onkels, der anderes zu tun hatte, als dem Neffen den Vater zu ersetzen. Die Nähe des Onkels und die Weite des Landes, die sie in langer Karawane auf den schwankenden Rücken der Kamele durchquerten, waren neu für ihn.

Mohammed half, wo er konnte. Wenn sie Rast machten, half er die Zelte aufzuschlagen, die Tiere anzupflocken, hielt Wache über die Handelswaren und das Gepäck. Als Waisenkind hatte er früh lernen müssen, verantwortlich und selbstständig zu handeln. Sein Onkel konnte stolz sein auf diesen klugen, fleißigen Neffen, dem auch die Hitze nichts auszumachen schien. Tatsächlich wunderte sich Mohammed über die Männer, die sich unter ihren Turbanen vor der brennenden Sonne zu verstecken suchten und ihre geblendeten Augen zu schmalen Schlitzen zusammenkniffen. Als er den Kopf hob, um zur Sonne zu schauen, unter der die Reisegefährten so litten, entdeckte er eine kleine Wolke, die einsam am strahlend blauen Himmel über ihm stand. Verblüfft starrte er hinauf und wunderte sich über die ungewöhnliche Wolke. Dann dankte er im Stillen dem unbekannten Spender dieses Schattens, freute sich über die angenehme Kühle und kümmerte sich um seine Aufgaben, als wäre nichts geschehen.

Nach etwa zwei Monaten erreichte die Karawane das südliche Syrien. Ihr Ziel war Bosra, das im sechsten und siebten Jahrhundert noch eine wichtige christliche Handelsstadt war. Die Karawane schlug ihr Lager vor den Toren der Stadt auf, in der Nähe einer winzigen Klause, die von einem einzelnen Mönch namens **Bahira** bewohnt wurde.

Als dieser Mönch nun vor die Tür seiner Zelle trat, um nach der ankommenden Karawane zu schauen, fiel ihm sofort die kleine Wolke auf. Es war ein windstiller Tag, und trotzdem schien sie sich zu bewegen. Bahira ließ sie nicht aus den Augen. Sie schwebte irgendwo über den Köpfen der Araber, bis sie mit einem Mal über einem dürren Baum still stehen blieb. Die Neugier des Mönchs war geweckt, und er lief ein paar Schritte in Richtung des Baumes, durch den ebenda eine Art Schauer fuhr, als würde heftiger Regen die Äste niederdrücken.

Bahira fürchtete sich nicht vor dem Unerklärlichen. Er

war bereit, ein Wunder anzuerkennen, wenn es vor seinen Augen geschah. Wem aber galt es? Im zweifachen Schatten der tief hängenden Zweige und der Wolke saßen die vielen müden Reiter der Karawane zwischen Gepäck und Stoffballen und ruhten sich aus. Einer unter diesen Männern musste zu Großem bestimmt sein, davon war Bahira überzeugt und er eilte zurück.

Seit Generationen war eine seltene Schrift, vielleicht die einzige ihrer Art, im Besitz der Mönche seiner Klause. Bahira kannte diese Schrift gut. Seit sein Vorgänger sie ihm überlassen hatte, hatte er oft in ihr gelesen. Auch jetzt suchte er sie wieder hervor und las leise flüsternd die Zeilen, die eindeutig besagten, dass ein weiterer Prophet auftreten würde. Aber weder bei den Juden noch bei den Christen, nein, unter den heidnischen Arabern sollte Gott seinen Gesandten erscheinen lassen.

Bahira leerte die Vorratskammer seiner Klause und richtete eilig ein großes Mahl an, dann lief er hinüber zu den rastenden Männern und bat sie allesamt, mit ihm gemeinsam zu speisen; Jung und Alt, Sklave oder freier Mann, alle sollten sie kommen. Die Araber waren überrascht, nie zuvor hatte der einsame Mönch auch nur ein Wort mit ihnen gewechselt. Als der Mönch aber seine Einladung wiederholte, beruhigten sie sich und folgten ihm vor seine Klause, wo er großzügig seine einfachen Speisen mit ihnen teilte.

Prüfend blickte nun Bahira einem nach dem anderen ins Gesicht. Er suchte die Zeichen, von denen in seiner

30

Schrift die Rede war. Aber dies waren normale Männer, heidnische Araber der Wüste, für die der Mönch seine stillen Tage der Einkehr nie unterbrochen hätte. Mit lauter, ungeduldiger Stimme fragte er: »O Männer der Quraisch, ist auch nicht ein Einziger von euch meinem Mahl ferngeblieben?« Die Araber winkten ab: «Keiner, dem es gebührte, zu dir zu kommen. Nur einen Knaben, den Jüngsten von uns, haben wir beim Gepäck gelassen«, sagten sie sorglos.

Zornig rief Bahira: »Tut dies nicht! Holt ihn her! Auch er soll am Mahl teilnehmen!«

Ein Mann von den Quraisch murmelte: »Bei den Göttinnen al-Lat und Uzza, Tadel haben wir verdient, dass wir den Sohn Abdallahs, den Enkel des Abdalmuttalib zurückließen!«, stand auf und ging zu Mohammed. Er hob ihn auf beide Arme und trug ihn zur Klause, wo er ihn wie einen Ehrengast zur Rechten des Mönches absetzte. Der Mönch ließ sich von dem Gehabe des Mannes nicht irritieren, sondern war wie gebannt von dem Jungen.

Als seine Gäste sich zu verabschieden begannen und zu ihren Zelten gingen, berührte Bahira Mohammed an der Schulter und bat ihn »bei al-Lat und Uzza«, ihm einige Fragen zu beantworten. Mohammed erwiderte: »Bitte mich nicht bei al-Lat und Uzza, nichts hasse ich mehr als diese beiden!«

»So bitte ich denn bei Gott!«, sprach Bahira, und Mohammed war einverstanden. Der Mönch fragte ihn nach seinen Träumen, seinem Körper und einigen Dingen aus seinem Leben. Mohammed erzählte gern. Der Mönch war ein ehrwürdiger Mann, der nur wenig sprach und auch beim gemeinsamen Mahl still geblieben war, nun aber dem Knaben Mohammed höfliche und wohlwollende Fragen stellte. Als der Mönch ihn zu guter Letzt darum bat, ihm für einen Augenblick seinen Rücken zu zeigen, gestand Mohammed ihm dies gerne zu. Bahiras Herz schlug schneller, als er zwischen den Schulterblättern des Jungen eindeutig eine dunkle Stelle erkannte, von der die Schrift als dem *Siegel der Prophetie* gesprochen hatte.

Da trat Abu Talib zu ihnen, um Mohammed zurück zur Lagerstätte zu rufen. Ob er denn der Vater des Jungen sei, fragte Bahira. »Ja, er ist mein Sohn«, erwiderte Abu Talib und griff Mohammeds Hand. »Er ist nicht dein Sohn!«, rief Bahira. »Es kann nicht sein, dass sein Vater am Leben ist!« Abu Talib erklärte nun, dass er der Onkel sei, und sein Bruder, der Vater des Jungen, noch vor dessen Geburt gestorben war. »Das ist die Wahrheit«, verkündete erleichtert der Mönch und sprach: »Bringe deinen Neffen zurück in seine Heimat. Und schütze ihn vor den Juden, denn wenn sie ihn sehen und erkennen, was ich erkannt habe, werden sie ihm Böses wollen. Großes wird dem Sohn deines Bruders widerfahren!«[11]

Eine solche Überlieferung erklärt sich in ihren Einzelheiten vielleicht erst im Rückblick, wenn die Geschichte vom Leben des Propheten schon bekannt ist. So verweist sie bereits sehr deutlich darauf, was später die Beziehungen der Anhänger Mohammeds zu jüdischen Gemeinschaften und Christen prägen wird: Vertrauen gegenüber den Christen, Misstrauen gegenüber den Juden.

Beide Religionen waren schon vor dem Auftreten Mohammeds auf der Arabischen Halbinsel bekannt, wenn auch nicht weit verbreitet. Obwohl der religiöse Kosmos von Christen und Juden längst vom Monotheismus, dem Glauben an nur einen einzigen Gott, und der Vorstellung eines Jüngsten Gerichts bestimmt war, unterschieden sie sich in ihrer Lebensweise von den arabischen Zeitgenossen kaum. Die Sprache der Thora war zwar Hebräisch, die Juden beherrschten aber das Arabische. Auch in der hoch entwickelten arabischen Dichtkunst sind vereinzelt jüdische Dichter vertreten.[12]

Waren Christen vor allem unter den Beduinen zu finden, lebten die Juden als Siedler in den großen Oasen. Insbesondere in Yathrib, dem späteren Medina, lebten jüdische Stämme neben arabischen Stämmen und mussten sich den fruchtbaren Boden auf dem Gebiet der Oase teilen. So waren sie in vielerlei Bündnissen untereinander, aber auch mit den arabischen Stämmen verknüpft oder in blutigen Fehden miteinander zerstritten.

Von einheitlich christlichen Stämmen wird hingegen nicht berichtet. In der Region des Hedschas, dem Kernland der islamischen Offenbarungsgeschichte, waren es einzelne Araber, die sich zum Christentum bekannten. Wahrscheinlich hatten sie die christliche Lehre auf Handelsreisen in die Randgebiete der Arabischen Halbinsel kennengelernt oder hatten von ihr durch christliche Missionare und Händler gehört, die nach Mekka kamen. Die Arabische Wüste war ja umringt von christlichen Reichen: Im Nordwesten und Westen erstreckten sich die Einflussgebiete des Byzantinischen Reiches. Im Südwesten, jenseits des Roten Meeres, lag das Kaiserreich von Abessinien, wo das Christentum längst zur offiziellen Religion erhoben war. Allein im Süden der Arabischen Halbinsel hatten sich christliche Gemeinden etabliert, die sich trotz unsteter Machtverhältnisse über Jahrhunderte halten konnten. Jedenfalls bildeten die arabischen Christen im Hedschas keine gesonderten Einheiten, sondern lebten weiterhin im Schutz ihrer Stämme und führten das gewohnte Leben. Im Gegensatz zu den Juden traten sie also nicht als geschlossene Interessengruppe in der Stammespolitik der Arabischen Wüste auf.

Das Judentum war ja auch nicht durch Missionare oder vereinzelte Bekehrte in die Wüste gekommen. Bereits vorhandene jüdische Stammesgruppen hatten aufgrund der jüdisch-römischen Kriege in den ersten zwei Jahrhunderten nach Christi Geburt ihre Heimat Judäa verlassen und waren auch auf die Arabische Halbinsel ausgewandert. In der Fremde versuchten sie einerseits, ihre Tradition und Identität zu bewahren. Anderseits mussten sie, um zu überleben, ihre Lebensweise an die neue Umwelt anpassen.

Im Wesen des Polytheismus der vorislamischen Araber lag die Möglichkeit zu Toleranz gegenüber fremden Gottheiten und religiösen Ritualen. Das Judentum der jüdischen Stämme spielte im alltäglichen Miteinander daher keine wesentliche Rolle. Erst der Islam sollte den Arabern eine neue religiöse Identität verleihen, die die Frage des Umgangs mit dem religiösen Anderen unausweichlich stellen würde. Dass die jüdischen Stämme, im Gegensatz zu den vereinzelten Christen, sich als eigenständige Glaubensgemeinschaft gegenüber der neuformierten muslimischen Gemeinschaft behaupten werden, wird für das erste Aufeinandertreffen dieser beiden Religionen entscheidend sein.

Die Überlieferung vom syrischen Mönch Bahira lädt aber noch zu weiteren Exkursen ein. Nicht ohne Grund wird beispielsweise die instinktive Abneigung des jungen Mohammed gegenüber den mekkanischen Göttinnen al-Lat und Uzza so auffällig in Szene gesetzt. Ibn Ishaq zeigt so, dass Mohammed bereits als Knabe einem strikten Eingottglauben, dem strengen Monotheismus, treu ergeben war, den er später als Gesandter Gottes von den Arabern einfordern würde.

Noch lebten die alten Araber ja im Glauben an viele Götter und Göttinnen und an Geister und Wahrsager. Die Kaaba war umstellt von und gefüllt mit Hunderten Götzenfiguren, vor denen die Stämme der Wüste in den Pilgermonaten ihre Opfer darbrachten. Al-Lat und Uzza sowie Mana, waren drei weibliche Gottheiten, die in Ortschaften in der näheren Umgebung Mekkas verehrt wurden. In Mekka war es der Gott Hubal, der für die Quraisch einen besonders hohen Stellenwert hatte. Sein Standbild war in der Kaaba selbst aufgestellt. Dieser würfelförmige Bau, in dessen Außenwand der schwarze Stein, ein Meteorit, eingemauert war, galt als Haus des Gottes, der auch in vorislamischer Zeit schon »der Gott« – Allah – genannt wurde. Dieser höchste der altarabischen Götter lebte und wirkte durchaus harmonisch mit den niedrigen Göttern, deren Götzenfiguren ihn umgaben, zusammen.[13] Die immense Heiligkeit der Kaaba und ihrer näheren Umgebung schien stark genug, um die verschiedensten Gottheiten zu integrieren. Es heißt, dass sogar ein Bild der Mutter Maria und ihres Sohnes Jesu die Innenwände der Kaaba schmückte.[14]

Wie aber sah die religiöse Praxis (insbesondere die Bräuche und Regeln) der heidnischen Araber aus, die sich in einer derart vielfältigen Götterwelt bewegten? Der wesentliche Charakterzug dieser religiösen Praxis war sicherlich, dass sie auf das Diesseits ausgerichtet war. Der Lohn für Opfergaben sollte nicht erst in einem fernen, jenseitigen Ort in einer unbestimmten Zukunft ausgezahlt werden. Ein solcher Ort kam ja in der Vorstellungswelt der alten Araber gar nicht vor; wie auch an ein Leben nach dem Tod ohnehin nicht geglaubt wurde. Mit konkreten Wünschen richtete man sich an die Götter und opferte ihnen, um sich ihrer Hilfe zu versichern. Es waren geradezu Tauschbeziehungen, die Menschen und Götter verbanden.[15]

Ein besonders auffälliges und riskantes Übereinkommen dieser Art traf beispielsweise der Großvater Mohammeds, **Abdalmuttalib.** Er soll ein Mann von außerordentlicher Schönheit gewesen sein, bekannt für seine stattliche Erscheinung, aber auch für seine Klugheit und Redlichkeit. Es mangelte ihm einzig an einer beträchtlichen Anzahl von Söhnen. Also gelobte er: »Sollten mir zehn Söhne geboren werden und aufwachsen, bis sie mich schützen können, werde ich einen von ihnen Gott bei der Kaaba opfern.«[16]

Die zehn Söhne wurden ihm bald schon von seinen Frauen geboren. Einer schöner als der andere, reiften sie nach und nach zu Männern heran. Der jüngste aber, Abdallah, übertraf die übrigen an Anmut und war seinem Vater der liebste. Auch er wuchs unbeschadet von Krankheit oder schlimmem Unheil auf, bald schon hätte er als Mann zu gelten. So rückte der Tag, an dem Abdalmuttalib seinen Eid würde erfüllen müssen, näher und näher, und er befürchtete, dass auch Gott diesen jüngsten und schönsten seiner Söhne den übrigen vorziehen könnte.

Sein Eid aber galt Abdalmuttalib mehr noch als seine Familie, seine Sippe, sein Stamm. Es war ein Eid gegenüber Allah. Nur, welcher der zehn Söhne sollte den Opfertod sterben? Kein gerechter Vater wäre imstande gewesen, diese Entscheidung zu fällen. Also begab sich Abdalmuttalib mit seinen Söhnen zum Platz der Kaaba und sprach zu ihnen von seiner Abmachung mit Gott und der Wahl, die nun zu treffen war. Der Eid des Vaters galt auch den Söhnen als heilig, und so willigten sie ein, dem Schiedsspruch des Lospfeilorakels zu gehorchen. Jeder von ihnen erhielt einen Pfeil, den er mit seinem Zeichen versah, darauf betraten sie das heilige Haus, die Kaaba, wo der offizielle Ausloser der Quraisch bereits wartete. Abdalmuttalib trat neben das Standbild Hubals, zückte seinen Dolch und schloss die Augen. Die Pfeile wurden geworfen. Der Ausloser bückte sich, sah, was die Gottheit, die zwischen Allah und Abdalmuttalib vermittelte, bestimmt hatte. »Abdallah«, gab er mit eisiger Stimme kund.

Sofort packte Abdalmuttalib den liebsten Sohn beim Handgelenk und zog ihn zur Tür hinaus in Richtung des Opferplatzes. Er würde tun, was ihm geheißen war, und sich erst danach der Trauer und den Tränen hingeben. Nicht einen Blick wagte er auf das Antlitz des Jüngsten zu werfen.

Da aber traf er auf den Widerstand seiner Frauen, der Mütter seiner vielen Söhne. Vor allem Fatimah, die Mutter Abdallahs, war entschlossen, all ihren Einfluss geltend zu machen. Anders als die übrigen Frauen Abdalmuttalibs, deren Stämme in weit entfernten Gegenden beheimatet waren, war Fatimah vom Stamme der Quraisch und Tochter der mächtigen Sippe der Machzum. Sie wusste ihre gesamte Familie in der Nähe, die ihr jederzeit zu Hilfe eilen würde, wenn sie oder das Leben ihrer Kinder Schutz bräuchten. Als die Gefahr des Loses über den Köpfen der zehn Söhne schwebte, hatte sie die Frauen, ihre Brüder, Schwestern und Töchter zu Hilfe gerufen. Abdalmuttalib traf auf eine aufgebrachte Menge, als er aschfahl seinen Sohn über die Schwelle der Kaaba führte.

»Wozu das Messer?«, rief eine Stimme. Andere Stimmen

griffen die Frage auf, deren Antwort längst bekannt war. Tränen füllten seine Augen, als Abdalmuttalib den Menschen entgegentrat, die sich zwischen ihn und die Erfüllung seines Gelübdes stellen wollten. »Du darfst ihn nicht töten!«, ermahnte ihn Mughira, Oberhaupt der Machzum. »Bringe an seiner statt ein Opfer dar!«

Schritt für Schritt bahnte sich Abdalmuttalib seinen Weg zwischen den wütenden Mekkanern hindurch; noch wagten sie es nicht, ihn mit Gewalt von seinem Entschluss abzubringen. Sie spürten, wie viel Kraft jeder einzelne dieser Schritte ihn kostete, und sahen, wie die Spitze des Messers in seiner Hand zitterte.

Wie versteinert blieb da Abdalmuttalib stehen, seinen Blick starr geradeaus gerichtet. Eine winzige Greisin, den Kopf hoch erhoben, bewegte sich durch die dicht gedrängte Menschenmenge auf ihn zu. Ohne Schwierigkeiten schien sie dort Platz zu finden, wo kein Platz war. Einige flüsterten, dass sie in ihr eine weise Frau erkannt hatten, die in Yathrib, Hunderte Kilometer entfernt, leben sollte und von der es hieß, dass sie zu den Geistern in gutem Kontakt stand. Schwach und mager, wie sie war, versperrte sie Abdalmuttalib den Weg und sprach: »Stell deinen Sohn neben zehn Kamele und wirf das Los zwischen ihnen! Zeigt der Pfeil auf den Sohn, dann hole weitere zehn Kamele dazu und lose erneut. So tue es, bis der Pfeil auf die Kamele zeigt! Töte die Kamele, dein Sohn aber soll leben!«

So geschah es. Viele Male fiel das Los auf den Sohn, bis

hundert Kamele für ihn standen. Da endlich akzeptierte Gott die Sühne des Abdalmuttalib, der voller Freude über das gewonnene Leben Abdallahs die Tiere schlachten ließ.[17]

Abdallah, der jüngste und schönste Sohn des Abdalmuttalib, der um ein Haar geopfert worden wäre, wenn die Lospfeile des Hubal und die Greisin ihn nicht gerettet hätten, würde nur wenig später in der Hochzeitsnacht mit Amina Mohammed zeugen. Die hundert Kamele wurden also auch für das Leben des Propheten geschlachtet.

Das erzählerische Motiv eines Vaters, der gewillt ist, seinen Sohn seinem Gott zu opfern, ist kein unbekanntes. In der Bibel ist es Abraham, der seinen Sohn Isaak auf dem Opferaltar festbindet und ihm das Messer an die Kehle legt. Ein Engel hält ihn in letzter Sekunde vom tödlichen Schnitt ab und erklärt, dass Gott nur Abrahams Glaube auf die Probe stellen wollte. Der Gott Abrahams, der auch der Gott Mohammeds werden sollte, forderte, dass ihm unbedingter und rückhaltloser Glaube entgegengebracht werde. Die Götter der alten Araber dagegen schienen eher an Opfergaben interessiert zu sein.

Ein Mann Mekkas

Wie hat man sich das Leben in einer Wüstenmetropole am Anfang des siebten Jahrhunderts vorzustellen? Wie sahen die Häuser aus? Welche Kleidung trugen die Menschen? Eine visuelle Antwort auf diese Fragen bietet der Film *The Message*, der 1976 in Marokko und Libyen gedreht wurde.[18] Der Regisseur Moustapha Akkad, darum bemüht, ein möglichst realistisches Bild der Städte Mekka und Medina wiederzugeben, ließ diese beiden zentralen Orte der Offenbarungsgeschichte in nordafrikanischen Wüstengegenden nachbauen. Natürlich wird die historische Wahrheit nie eins zu eins nachzubilden oder zu beschreiben sein, aber Moustapha Akkad schafft es doch, einen lebendigen und glaubwürdigen Eindruck einer lang vergangenen Zeit zu vermitteln.

Der Film zeigt uns eine Stadt zwischen kargen, zerklüfteten Gebirgszügen, die von den dunkelroten Zelten der Karawanen, die in Mekka ihre Waren kaufen und verkaufen, umringt ist. Vereinzelte Kamele suchen den sandigen Boden nach Gräsern ab. Ziegenherden werden hinaus in Richtung der Berghänge getrieben. Eine Gruppe von Pilgern erreicht laut singend die Stadt. In ihrer Mitte führen sie ein geschmücktes Kamel, auf dessen Höckern eine vogelartige Götzenfigur befestigt ist – es ist die heilige Zeit der Pilgerschaft, der großen Märkte und Dichtertreffen.

Vom Hintergrund der sandfarbenen Berge heben sich die Lehmbauten Mekkas kaum ab. Nur der dunkle Quader der Kaaba sticht hervor. In gebührendem Abstand ist er von mehrstöckigen Gebäuden umringt, auf deren weiten Dachterrassen vereinzelt Personen in weißen Gewändern zu erkennen sind. Es sind einfache, kaum verzierte Häuser, mit winzigen und wenigen Fenstern. Die Pilger strömen auf den Platz, der die Kaaba umgibt. Dort sind die vielen kleineren Statuen aufgestellt, zu denen sie geschlachtete Ziegen, Schafsböcke und andere Opfergaben bringen. Nachdem sie ihre Gebete, Wünsche und Danksagungen vorgebracht haben, schließen sie sich der Menschenmenge an, die schon dabei ist, die Kaaba zu umkreisen.

Während die Pilger ihrem Kult und ihren Riten nachgehen, preisen die Händler im Schatten schlichter Verkaufsstände ihre Waren an: irdene Krüge und Schalen, geflochtene Körbe, in bunten Mustern gewebte Stoffe und schimmernde Seide. Menschen unterschiedlichster Herkunft in weiten Gewändern und schweren Turbanen beleben den Markt, handeln und feilschen, stehen in Grüppchen beieinander, plaudern oder beobachten das bunte Treiben. Auch ein Falkner mit seinem Gehilfen bietet seine Vögel zum Verkauf an. Ein reicher Araber zeigt sich interessiert. Er streicht den Tieren über das glänzende Gefieder, zögert einen Augenblick, geht aber, ohne ein Angebot zu machen, weiter.

Die Kamera bleibt bei diesem Mann. Im Schatten eines hohen, gelben Sonnenschirms, der von seinem afrikanischen Sklaven getragen wird, spaziert er zum Platz der Kaaba und trifft dort auf einen anderen, ebenso vornehmen Herren, den er als Abu Sufyan begrüßt. Sie wechseln ein paar Worte über den blühenden Handel und die vielen Pilger, die es dieses Jahr nach Mekka geschafft haben. Als ein Bote sie unterbricht und berichtet, dass die große Karawane aus Syrien früher als erwartet eingetroffen ist, ordnet Abu Sufyan an, sofort hundert Schafe zu ihrer Begrüßung schlachten zu lassen.

Abu Sufyan schlendert darauf in die Ecke des Marktes, wo die Dichter ihr Können vortragen. Einem ist es gelungen, ein großes Publikum um sich zu versammeln; stolz trägt er seine pointenreichen Verse vor. Die Leute sitzen am Boden, lachen und klatschen, wenn ihnen eine Zeile besonders gut gelungen erscheint. Als Abu Sufyan dazutritt, lobt ihn der Dichter in den schönsten Worten. Zum Dank wirft ihm Abu Sufyan ein Säckchen klimpernder Münzen zu.

In wenigen Szenen hat der Film so die wesentlichen Punkte, die für das vorislamische Mekka entscheidend waren, umrissen. In den heiligen Monaten zog der Kaaba-Kult nicht nur die verschiedensten Pilger in die Stadt, sondern auch eine große Anzahl von Händlern. Wobei eine Person natürlich auch beides zugleich sein konnte: Waren die rituellen Verpflichtungen erst erfüllt, blieb genügend Zeit, sich den Geschäften zu widmen. Dementsprechend waren es auf mekkanischer Seite die Händler vom Stamm der Quraisch, die sich um die Organisation der Verpflegung und Unterbringung der großen Menge an Pilgern kümmerten. Auch der Schlüssel der Kaaba und die Aufsicht über die Götzenbilder und Schätze, die in ihr aufgestellt waren, lagen in den Händen einer der Sippen der Quraisch.

Dieser berühmte Stamm herrschte in Mekka bereits seit Beginn des sechsten Jahrhunderts. Die herausragenden Männer seiner Sippen waren die Vorsteher der Stadt, die in der großen Ratsversammlung sowohl die wichtigsten Karawanenzüge planten, als auch für die gesamte Infrastruktur sorgten, die es brauchte, um die Pilgerschar mit großzügiger Gastfreundschaft willkommen heißen zu können. Diese Aufgabe wurde nicht als Last, sondern als hohes Privileg verstanden. So wie auch der Schutz der Kaaba ehrenvolle Pflicht aller Sippen war.

Als es um das Jahr 605 n. Chr. zu Einbrüchen in die Kaaba gekommen war und ein Teil des Schatzes aus einem Kellergewölbe entwendet wurde, war es der Rat der Quraisch, der einstimmig einen Neubau des heiligen Hauses beschloss. Die Mauern der Kaaba waren zu dieser Zeit kaum mannshoch, und bis auf einige Stoffbahnen, die über sie gespannt waren, besaß sie kein festes Dach. Selbst wenn das Tor verschlossen war, war es ein Leichtes, in sie einzudringen.

Der Abriss der alten Mauern aber war ein heikles Unterfangen. Ob es dem Gott der Kaaba überhaupt recht war? Würde er diejenigen, die Hand an sein Haus legten, nicht strafen? Ibn Ishaq berichtet von einer Schlange, die sich an mehreren Tagen nahe dem Eingang in der Morgensonne wärmte. Sie wurde von den Mekkanern als schlechtes Omen gedeutet, sodass sie sich nicht trauten, mit der Arbeit zu beginnen. Erst als ein Adler kam, sie mit seinen Krallen packte und mit ihr davonflog, war man sicher, dass Gott sein Einverständnis gegeben hatte.

Von der Küste her waren längst die Planken und Balken eines gestrandeten Handelsschiffes gebracht worden. Ein erfahrener Zimmermann war auch zur Stelle. Das Oberhaupt der Machzum, Walid, Sohn des verstorbenen Mughira, erklärte sich bereit, den ersten Stein aus der Mauer zu lösen. Als er mit seiner Hacke auf die Kaaba zutrat, flüsterte er: »O Gott, fürchte dich nicht! Wir wollen dir nichts Böses.«

Stein für Stein wurden die alten Mauern abgetragen, ohne dass die gute Absicht der Quraisch von bösen Zeichen oder einem unerklärlichen Missgeschick bestraft worden wäre. Die Arbeit an den vier Seiten des Gemäuers hatten die wichtigsten Sippen in gleich großen Abschnitten unter sich aufgeteilt. Zu guter Letzt blieben nur die ältesten Fundamente übrig. Von diesen hieß es, dass Abraham selbst, Stammvater der Araber, sie einst dort angelegt hatte. Niemand wagte es, sie aus der Erde zu brechen.

Mit zusätzlichen Steinen wurden die Mauern wieder aufgeschichtet. Bald waren sie schulterhoch, und es wurde Zeit, den schwarzen Stein an seine Stelle an der Südostecke ins Mauerwerk wiedereinzusetzen. Jetzt zeigte sich die Brisanz dieser gemeinschaftlichen Arbeit:

Jede Sippe wollte das Recht, den heiligen Stein an seinen Platz zurückzulegen, für sich beanspruchen und heftiger Streit brannte auf. Sofort wurden Bündnisse geschlossen. Parteien bildeten sich heraus. Es wurde zum Kampf gerüstet. Die Sippen der Abdaddar und Adi, so berichtet Ibn Ishaq, tauchten ihre Hände in Blut und schworen sich Treue bis in den Tod. Noch verhandelten die Quraisch im Heiligtum, aber die Fronten hatten sich verhärtet. Vier oder fünf Tage schwelte der Streit. Es schien keinen Ausweg zu geben: Die feindlichen Parteien mussten Mekka verlassen, um fern des heiligen Bezirks, in dem alle Gewalt ausnahmslos verboten war, kriegerisch eine Lösung herbeizuführen. Als Letzter aber ergriff der Älteste der Quraisch, Abu Umayya, das Wort. Er wusste, dass nichts seinen Stamm so sehr schwächen konnte wie eine gewaltige Blutfehde unter den Sippen. Um diese unter allen Umständen abzuwenden, flehte er: »Männer der Quraisch! Lasst doch den Ersten, der durch das Tor der Kaaba zu uns hereintritt, diesen Streit entscheiden!«

In ebendiesem Moment trat Mohammed Ibn Abdallah über die Schwelle der Kaaba und blickte neugierig in die mit einem Mal schweigende Versammlung. Da riefen die Männer: »Mohammed! Mit ihm sind wir einverstanden!«[19]

46

Mit einem gewaltigen Sprung ins Mannesalter treffen wir nun den inzwischen fünfunddreißig Jahre alten Mohammed wieder. Die Überlieferung vom Wiederaufbau der Kaaba ist eine der wenigen, die die weite Zeitspanne zwischen seiner Kindheit und der Berufung zum Gesandten überbrücken.

Tatsächlich war Mohammed in hohem Maße dafür geeignet, in diesem brenzligen Fall die Position eines neutralen Richters einzunehmen. Er war Quraisch und entstammte einer ehrwürdigen Sippe. Aber er war als Halbwaise geboren, hatte früh seine Mutter verloren, und er hatte weder Brüder noch erwachsene Söhne. So gehörte er zwar dazu, war aber innerhalb des Stammes in keiner Position, um seinerseits weitreichende Ansprüche auf Verantwortung und Macht zu stellen. Er war jedoch ein Mann, der sich den Ruf einer vertrauenswürdigen und zuverlässigen Person verdient hatte. Im Auftrag vieler wohlhabender Mekkaner hatte er erfolgreich Karawanen in den Norden geführt. Manch einer, der selbst auf Reisen gehen musste, gab gar sein Gold oder andere Schätze während seiner Abwesenheit in Mohammeds Obhut. Man nannte ihn *al-Amin*, »den Zuverlässigen«.

Nicht zuletzt hatte ihm seine Redlichkeit die außerordentliche Gunst einer reichen und verwitweten Kauffrau eingebracht. Mohammed hatte auch für sie Karawanen geleitet und war mit hohen Gewinnen zurückgekehrt. Als der Diener dieser Frau, den sie Mohammed an die Seite gestellt hatte, ihr dann noch erzählte, wie Mohammed im syrischen Bosra auf einen Mönch getroffen sei, der euphorisch bezeugt habe, dass Mohammed alle Zeichen der Prophetie aufweise, war sie restlos von dem fähigen jungen Mann überzeugt. **Chadidscha** war sogar so sehr von Mohammad eingenommen, dass sie ihm anbot, mit ihr die Ehe zu schließen. Eine Ehe, die viel Kopfschütteln bei ihren nächsten Verwandten auslöste. Denn sie konnten in Mohammed nicht viel mehr erkennen als einen armen Kerl, der Chadidscha außer guten Charaktereigenschaften nichts zu bieten hatte. Wieso nur hatte sie keine bessere Wahl getroffen? Hatten doch nicht wenige unter den Quraisch darauf gehofft, sich die vermögende Witwe zur Frau zu nehmen. Sie aber erwählte Mohammed. Durch Ibn Ishaq sind uns sogar die Worte überliefert, mit welchen sie ihm ihre Liebe gestand: »O Sohn meines Oheims, ich liebe dich aufgrund unserer gegenseitigen Verwandtschaft, deines hohen Ansehens in deiner Familie, deiner Redlichkeit, deines guten Charakters und deiner Ehrlichkeit.«[20]

Eheliche Verbindungen waren in der arabischen Stammesgesellschaft selten Ausdruck reiner, leidenschaftlicher Liebe. Sie waren ein Instrument, um Familien aneinanderzubinden und Bündnisse zu stärken. Väter verheirateten ihre Töchter den eigenen strategischen Überlegungen gemäß. Selbst Chadidscha, die ja eine gestandene Frau war – sie war bereits mehrfache Witwe und Mutter vieler Kinder –, musste den Widerstand ihres Vaters gegenüber ihrem scheinbar unvorteilhaften Ehewunsch überwinden. In einer Überlieferung, die es nicht in Ibn Ishaqs doch eher brave Propheten-Vita geschafft hat, heißt es, dass Chadidscha ihren Vater am Abend der Eheschließung mit reichlich Wein versorgte. Während er also die Nacht im Rausch verträumte, gaben sich Mohammed und Chadidscha das unwiderrufliche Jawort einer gemeinsamen Nacht. Da half es am Morgen auch nichts mehr, nach den Waffen zu greifen.[21]

Aber sicherlich werden auch Chadidscha einige praktische Überlegungen zur Heirat mit dem um viele Jahre jüngeren Mann bewegt haben. Als Frau konnte sie ihre Karawanen nicht selbst anführen, sie brauchte einen loyalen, erfahrenen Partner, der ihre Handelsinteressen nach außen vertreten und durchsetzen konnte. Da Mohammed über keinen eigenen Reichtum verfügte, sondern stets im Auftrag anderer Handel betrieben hatte, schien er der dafür passende Mann zu sein.

Für Mohammed wiederum bedeutete diese Ehe einen beträchtlichen wirtschaftlichen und sozialen Aufstieg. War er doch zu arm, um überhaupt auf eine vorteilhafte Heirat hoffen zu dürfen. Er verdankte Chadidscha viel und gab sich Mühe, ihr Vertrauen in ihn nicht zu enttäuschen. Und so scheint es auch gekommen zu sein: Die islamischen Überlieferungen sind voller Lob für diese Ehe, die sie nicht müde werden, als herausragendes Beispiel für gegenseitigen Respekt, Treue und zuversichtliche Liebe zu preisen. Und wenn auch Chadidscha nur die erste von vielen Frauen des späteren Propheten sein sollte, so blieb sie doch zeit ihres Lebens seine einzige.

Wie nun konnte Mohammed im Streit der kampfbereiten Quraisch um den heiligen Meteoriten weiterhelfen? Er war ja bislang gar nicht darin verwickelt gewesen. Wahrscheinlich war er gerade erst von einer Handelsreise zurückgekehrt und wollte auf dem Weg zum Haus Chadidschas nur einen kurzen Abstecher machen, um ein Dankgebet im Heiligtum zu sprechen. Plötzlich aber lag es an ihm, eine blutige Auseinandersetzung unter den Stammesbrüdern abzuwehren. Die Wortführer der Streitparteien erklärten ihm kurz und hitzig, worum es ging. Mohammed seufzte, zog nur einen Augenblick die Stirn in Falten, dann bat er sie, ein starkes Tuch bringen zu lassen. Er ließ sich auch Wasser reichen, um sich die Hände zu waschen. Als das Tuch vor ihm ausgebreitet auf der Erde lag, nahm er den schwarzen Stein und legte ihn behutsam darauf. Anschließend forderte er die Sippen auf, jeweils einen Zipfel des Tuches zu fassen, sodass sie ihn gemeinsam an die Mauer tragen konnten. Zu guter Letzt hob Mohammed den Stein heraus und platzierte ihn an die ihm zugedachte Stelle im Mauerwerk. Als die Quraisch danach noch immer aufgeregt und unschlüssig auf Mohammed blickten, zog er ihnen das Tuch aus den Händen, schüttelte es aus und faltete es geruhsam zu einem kleinen dreieckigen Paket. Dieses drückte er Abu Umayya, dem Ältesten der Quraisch, in die offenen Hände, sprach einen Gruß und verließ die Kaaba, um nun endlich nach Hause zu seiner Familie zu eilen.

Wie hat er wohl ausgesehen, dieser Mann, dessen Leben in nur wenigen Jahren eine radikale Wendung nehmen würde? Auf diese Frage will der Film *The Message*, der uns schon einmal helfen konnte, keine Antwort bieten. Wenn er auch die Geschichte der Offenbarung Mohammeds und der Entstehung des Islams erzählt, so verzichtet der Film doch darauf, die Figur des Propheten von einem Schauspieler darstellen zu lassen. Auch seine nahen Gefährten werden nicht durch Schauspieler verkörpert. Der Regisseur Moustapha Akkad traf diese Entscheidung mit Rücksicht auf islamische Vorbehalte gegenüber Abbildungen der Personen der Heilsgeschichte. Ein absolutes Abbildungsverbot gilt zwar auch im Islam allein für Gott, trotzdem teilen viele wichtige islamische Strömungen ein Misstrauen gegenüber bildlichen Darstellungen Mohammeds und seiner Gefährten. Denn die Abbildungen solcher Figuren bergen die Gefahr, dass ein Gläubiger an sie gerichtet beten könnte. Wie es in christlichen Kirchen ja auch oft zu sehen ist: Vor den fein gearbeiteten, manchmal gar vergoldeten Marien- oder Heiligenstandbildern, zu deren Füßen Kerzen entzündet sind, stehen Gläubige, die Hände gefaltet, und murmeln ihre Gebete oder sprechen sie im Stillen – eine Praxis, die aus muslimischer Sicht an den vorislamischen Götzendienst gemahnen könnte, der in den Offenbarungen Mohammeds so deutlich und rigoros abgelehnt werden wird. Mohammed war ein Mensch und sollte kein anbetungswürdiger Heiliger werden.

Die Frage nach seinem Aussehen hat aber dennoch die

Gemüter der Muslime bewegt. So gibt es in der türkischen und persischen Miniaturmalerei zahlreiche Illustrationen der Prophetengeschichte, auf denen das Gesicht Mohammeds nicht wie üblich hinter einem Flammenbusch oder einem Schleier verborgen ist, sondern mitsamt Turban, geschwungenen Augenbrauen und vollem Bart deutlich gezeigt wird. Die Malermeister dieser Bilder konnten auf eine reiche Überlieferungstradition zurückgreifen, die sich nicht allein mit den Aussprüchen, Taten und Gewohnheiten des Propheten befasste, sondern auch detaillierte Berichte über sein Äußeres versammelt hat.

Vieles von dem, was Mohammed getan oder gesagt hat, wurde von Augenzeugen an die kommende Generation weitererzählt. Solche mündlichen Berichte werden **Hadith** genannt, was sich vom arabischen Verb *hadatha* – »sprechen, berichten, erzählen« – ableitet. Die Gesamtheit aller Hadithe bildet die **Sunna**: das Wissen über die Gewohnheiten des Propheten. Aus Abertausenden von Hadithen, die über weitverzweigte Überliefererketten von Mund zu Mund, aber auch schriftlich von Generation zu Generation weitergetragen wurden, versuchten in den ersten Jahrhunderten nach dem Auftreten Mohammeds islamische Gelehrte die glaubwürdigsten auszuwählen, um sie in umfangreichen Sammlungen für immer zu fixieren. Die zwei wichtigsten Werke der Sunna sind die Hadith-Sammlungen des al-Buchari (810–870) und des Muslim (817–875).[22] In ihrer kanonischen Bedeutung für die islamische Theologie werden diese beiden Sammlungen, die unter dem Namen *Sahihan* – »die Gesunden« – bekannt sind, allein vom Koran übertroffen.

Schon früh aber entwickelten sich innerhalb der allgemeinen Sunna-Literatur auch Genres, die sich thematisch beschränkten. Eines dieser Genres konzentrierte sich ausschließlich auf die *Schama'il*, die guten Eigenschaften und körperlichen und seelischen Qualitäten des Propheten. Das erste und grundlegende Werk dieses Genres, die *Schama'il al-Muhammadiyya*, verfasste der islamische Gelehrte Abu Isa at-Tirmizi (gest. 892) – ein anerkannter Träger des Ehrentitels *al-Hafiz*, da er wohl über einhunderttausend Hadithe auswendig kannte.

At-Tirmizis Sammlung von Hadithen über den Propheten widmet sich der Verehrung und Huldigung Mohammeds. So zeugt seine Zusammenstellung der Überlieferungen von grenzenloser Bewunderung für dessen Person und lässt Mohammed als vollkommenes Vorbild eines guten, rechtschaffenen Menschen erscheinen. At-Tirmizis *asch-Schama'il al-Muhammadiyya* können also einerseits zu einer Vorstellung vom Erscheinungsbild Mohammeds verhelfen. Andererseits bieten sie ein eindrückliches Beispiel islamischer Prophetenverehrung.

Den Regeln der Überlieferungstradition verpflichtet, stellt at-Tirmizi den einzelnen Hadithen die Kette ihrer Überlieferer voran:

»Muhammad Ibn Ismail al-Buchari berichtete uns, dass ihm Abu Nuaym von al-Masudi, von Uthman Ibn Muslim Ibn Hurmuz, von Nafi Ibn Jubayr Ibn Mutim berichtete, dass Ali Ibn Abi Talib[23] sagte:

›Der Prophet – Allah segne ihn und spende ihm Frieden – war weder groß noch klein. Seine beiden Hände und Füße waren kräftig, sein Kopf war groß, seine Gelenkknochen waren stark. Eine lange, feine Linie von Haaren verlief zwischen seiner Brust und seinem Nabel. Sein Gang war kraftvoll und zielgerichtet, als schreite er einen Abhang hinunter. Ich habe vor ihm und nach ihm niemanden gesehen, der mit ihm – der Segen und Friede Allahs seien auf ihm – zu vergleichen wäre.‹«[24]

Von Hasan, dem Sohn Ali Ibn Abi Talibs und Enkelsohn Mohammeds, ist folgende ausführliche Beschreibung überliefert, die er wiederum von einem Verwandten Chadidschas gehört haben soll:

»Allahs Gesandter – Segen und Friede seien auf ihm – war von ehrwürdiger Gestalt. Sein Gesicht schien wie der strahlende Mond in einer Vollmondnacht. Er war etwas größer als ein Mann mittlerer Größe, doch nicht so lang wie ein wirklich großer Mann. Sein Kopf war mittelgroß. Sein Haar war leicht gewellt. Manchmal trug er es in der Mitte gescheitelt, ein andermal nicht. Es reichte ihm bis über seine Ohrläppchen. Seine Haut war weiß, mit etwas Rot durchsetzt, und er hatte eine breite Stirn. Seine Augenbrauen waren gewölbt und dicht, jedoch in der Mitte nicht zusammengewachsen. Dazwischen befand sich eine Ader, die anschwoll, wenn er zornig war. Seine Nase war lang und schmal und strahlte ein Licht und einen Glanz aus, die sie auf den ersten Blick größer erscheinen ließen. Sein Bart war dicht und voll, seine Wangen glatt. Sein Mund war breit, mit leichten Zwischenräumen zwischen den Zähnen. Sein Nacken glich an Reinheit und Silberglanz dem Hals einer Statue aus edlem Elfenbein.

Er war von mittlerer Gestalt, kräftig, ohne füllig zu sein. Seine Brust war von prächtiger Weite und er hatte breite Schultern sowie kräftige Knochen. Was von seiner Haut zu sehen war, erstrahlte in hellem Licht. Eine Linie von Haaren, fein wie ein Strich, erstreckte sich vom oberen Teil seiner Brust bis zu seinem Nabel. Der untere Teil seiner Brust und sein Bauch waren unbehaart, während er auf den Armen, Schultern und der oberen Brust Haare hatte.

Seine Unterarme waren lang und er hatte große Handflächen. Sowohl seine Hände als auch seine Füße waren kraftvoll, seine Finger und Zehen waren lang, die Wölbung seiner Füße wohl ausgeprägt und ihre Haut so glatt, dass das Wasser davon abperlte. Wenn er ging, hob er seine Füße voller Energie, und er setzte seine Füße sanft auf den Boden. Er pflegte zügig und mit großen Schritten zu gehen, als schreite er einen Abhang hinunter.

Wenn er sich jemandem zuwandte, wandte er sich ihm mit dem ganzen Körper zu. Sein Blick war häufig gesenkt, länger zur Erde hinab als hinauf in den Himmel gerichtet, und er schaute mit kurzen, exakten Blicken. Seine Gefährten ließ er vorangehen und ging selbst hinterher; und er entbot demjenigen, dem er begegnete, als Erstes den Friedensgruß.«[25]

Es sei noch das schöne Hadith von Jabir Ibn Samura zitiert. Er sagte:

»Ich sah Allahs Gesandten – Segen und Friede seien auf ihm – in einer hellen Nacht und er trug ein rotes Gewand. Da schaute ich ihn an und schaute den Mond an; er aber erschien mir herrlicher als der volle Mond.«[26]

Seine Zeitgenossen beschreiben Mohammed als einen Mann von außerordentlicher Schönheit, weder auffällig groß noch sonderlich klein, weder sehr dick noch ungesund dünn – ein schlanker Mann also von mittlerer Größe. Alles an ihm scheint das rechte Maß getroffen zu haben: seine Körperbehaarung, die Dichte und Länge seiner Augenbrauen, die Breite seiner Schultern, die Stärke seine Brust. Wenn seine Schönheit auch mit dem Mond, die Farbe seiner Haut mit dem Weiß des Elfenbeins zu vergleichen ist, so zieren ihn doch keine übernatürlichen Attribute von sagenhaftem Ausmaß. In der Erinnerung seiner Zeitgenossen scheint Mohammed ein einfacher Mann geblieben zu sein, der sich durch Eigenschaften auszeichnete, die auch bei jedem anderen Menschen in der ein oder anderen Form auftreten. Wenn er aber in den Augen der Muslime das allgemein Menschliche doch übersteigt, so tut er es als »der vollkommene Mensch – al-Insan al-Kamil«, der nicht allein eine makellose und von jeglicher Übertreibung freie Schöpfung Gottes war, sondern auch den Islam als einziger fehlerfrei zu praktizieren wusste.

MOHAMMED DER GESANDTE

ZEIT DER EINSAMKEIT

Mohammed war als arme Waise geboren, und doch hatte
er es über die Jahre zu einem gewissen Reichtum gebracht
und sich einen guten Ruf unter seinen Stammesbrüdern verdient. Mit Chadidscha führte er einen lebendigen Haushalt. Vier Töchter hatte sie ihm geschenkt: Zay-
nab, Ruqayya, Umm Kulthum und Fatimah. Auch zwei
Söhne waren aus ihrer Verbindung hervorgegangen, die
jedoch schon im frühen Kindesalter verstorben waren.
Trost spendete da **Ali**, der Sohn seines Onkels Abu Talib,
der Mohammed treu ergeben war. Als ein besonders tro-
ckenes Jahr eine Hungersnot über Mekka gebracht hatte und Abu Talib seine große Familie nur mit Mühe und
Not noch ernähren konnte, hatte Mohammed den Knaben zu sich genommen. Auch den Sklavenjungen Zayd,
den Chadidscha ihm am Tage der Hochzeit geschenkt
hatte, hatte Mohammed so lieb gewonnen, dass er ihn
nach einigen Jahren als seinen eigenen Sohn öffentlich
auf dem Platz der Kaaba anerkannte. Den Herausforderungen des alltäglichen Lebens als Familienvater und
Kaufmann schien Mohammed jedenfalls nicht schlechter
als seine mekkanischen Nachbarn gewachsen zu sein. Er

lebte unter seinesgleichen, jahrein, jahraus, im Rhythmus der Pilgermonate und der aufbrechenden und ankommenden Karawanen.

Die Zeit der verheißungsvollen Zeichen aber schien wie seine Kindheit und Jugend lang vorbei zu sein. Auch Mohammed würde eingehen in das Meer der namenlosen Toten, das allein als vage Vorstellung in den Köpfen der Lebenden existierte. Die Kinder seiner Töchter würden noch ab und zu von ihrem Großvater erzählen. Aber schon deren Kinder würden weder sein Gesicht noch seine Worte und Taten kennen. Mit etwas Glück würden sie gerade noch wissen, dass sein Name Mohammed war – vielleicht waren es solche Gedanken, die ihn in seinem vierzigsten Lebensjahr aus der Stadt hinaus in die kargen Berge trieben.

Mohammed wanderte auf den schmalen Pfaden, die die Herden der Beduinen hinterließen, saß hier und dort auf einem Felsen, blickte ins Tal, auf die Stadt. Er sah die Hütten der Armen, die Stallungen und die grauen Sandwege, die ins Zentrum führten. Unübersehbar standen dort die palastartigen Festungen der Reichsten unter den Quraisch, die seit nicht allzu langer Zeit in erstaunliche Höhe schossen: anfangs zwei, dann drei Stockwerke hoch. Inzwischen gab es die Ersten, die sich nicht scheuten, auch ein viertes Stockwerk ihren Häusern wie eine Krone aufzusetzen, bis sie selbst die Kaaba überragten. Man hatte befürchtet, die Götter des Heiligtums würden einen derartigen Frevel nicht dulden. Ein strafendes Unheil aber war ausgeblieben und so bauten die Araber der wohlhabenden Sippen höher und höher.

Mohammed erkannte auch das Haus Chadidschas, in das er nach ihrer Hochzeit gezogen war. Er glaubte sogar, sie auf der Dachterrasse entdeckt zu haben. Schon wollte er ihren Namen rufen, doch es war ja viel zu weit. Erneut ließ er den Blick über das Tal schweifen. Die Luft kurz nach der Morgendämmerung war frisch und die Sicht noch nicht getrübt vom Staub, den die geschäftigen Tage in der Wüste aufwirbelten. Mohammed wandte Mekka den Rücken zu. Der Mond stand noch am türkisblauen Himmel, gleich würde er hinter den Bergen versinken.

Er bückte sich und hob einen Stein auf. Ein einfacher Gesteinsbrocken, der lose auf dem Geröll lag. Einer unter endlos vielen, die sich auf den ersten Blick durch nichts voneinander unterschieden. Besah man sie jedoch genau, so wies ein jeder eine besondere Form, einzigartige Kanten und Kratzer auf. Mit etwas Glück war im Inneren eines noch so unscheinbaren Steinchens ein Herz aus weißem Kristall zu finden. Dieser schien kein solches Glück zu versprechen. Mohammed schleuderte ihn den Hang hinauf und lauschte auf das dumpfe Geräusch, wenn Stein gegen Stein prallt. Seit seiner Kindheit, seit er bei den Beduinen gelebt hatte, war ihm dieser Laut lieb und vertraut.

Er war auf dem Weg zu einer Höhle am Berg Hira, wo er einige Tage und Nächte verbringen wollte. Es waren nicht allein der Lärm der Menschen und das nervöse Treiben in den Straßen Mekkas, die ihn die Einsamkeit suchen ließen, auch eine innere Unruhe und rätselhafte Träume verfolgten ihn seit geraumer Zeit. Wenn er aber die Stadt verließ und die geräuschlose Welt der Berge betrat, weitete sich seine Brust und seine Sinne schärften sich. Mit jedem Schritt hinaus entfernte er sich weiter von den Wünschen, Zielen und Vorstellungen, die das Leben der Mekkaner ordneten und bestimmten. Und all die sprunghaften Gedanken, die gerade noch haltlos in seinem Geist herumirrten, hörten auf.

Zur Mittagszeit war er am Berg Hira angekommen. Nur noch ein kurzer Aufstieg, dann würde er der brennenden Sonne in den kühlen Schatten der Höhle entkommen. Er blickte über den Gipfel hinweg in den blauen, von keinerlei Wolken getrübten Himmel. Eines Tages hatte auch sein Vater in diesen Himmel geschaut. Vielleicht hatte er an ihn, seinen ungeborenen Sohn, gedacht und gehofft, ihn bald schon in den Armen zu halten. »Abdallah«, murmelte Mohammed. Eine der tückischen Krankheiten, die in der Umgebung aller großen Oasen kursierten, hatte verhindert, dass Vater und Sohn sich je begegneten. In Yathrib, einer Oase nördlich von Mekka, als Abdallah die Familie seiner Großmutter besuchte, war er erkrankt und wurde von einem Fieber dahingerafft, noch bevor sein Kind das Licht der Welt erblicken konnte.

Ob er seinem Vater ähnelte, fragte sich Mohammed. Es war nicht viel, was er über ihn wusste. Einige Anekdoten wurden über ihn erzählt. Vor allem aber war es sein Name, Abdallah, der Mohammed als Einziges von ihm geblie-

ben war. Er bedeutete: »Diener Gottes«. Auch Mohammed wollte ein *Abd Allah* sein, ein Diener Gottes.[27] Aber
welcher Dienst wurde von jenem Gott verlangt? Waren es
nicht die Götter, die den Menschen dienten, wenn man
sie nur genügend verehrte und ihnen reichlich opferte?

Sein eigener Vater war es gewesen, der einem Gott
geopfert werden sollte. Eine alte Greisin und die Pfeile
des Hubal hatten den Großvater gerade noch zur Einsicht
bringen können. Hundert Kamele gegen das Leben eines
Kindes, dachte Mohammed. Was war das für ein Gott, der
sich auf solchen Handel einließ?

Wieder hob Mohammed einen Stein auf, einen grau-
en, staubigen Brocken, der schwer in seiner Hand wog.
Er befeuchtete seinen Daumen mit der Zungenspitze und
wischte über den Stein. Eine gebogene Linie wurde ein
Mund, zwei getupfte Punkte wurden Augen, schon schien
der Stein von Leben erfüllt zu sein. Mohammed schleuderte ihn zurück in Richtung des Tals. Er schlug auf, roll-
te ein Stück und verschwand im Schatten eines mächtigen Felsens.

Mohammed würde keinen Gott um Söhne bitten und
auch keine Opfer versprechen, nein, er wollte nicht um
Söhne feilschen. Seine Söhne hatte sich der Tod noch im
Kindesalter geholt. Umso mehr liebte er Ali und Zayd und
seine Töchter, die in der Ordnung der Wüste jedoch wenig
galten. So manches neugeborene Mädchen wurde schnell
im kalten Sand verscharrt. Aber war ein Kind nicht mehr
wert als der Nutzen, den sich seine Familie von ihm erhof-

fen durfte? Das Leben war ein geheimnisvolles Geschenk, in seinem Wert unvergleichbar zu Dingen wie Gold, Ruhm oder Sicherheit. War es wirklich gegen Vieh aufzuwiegen? Woher kamen die Menschen, und wohin gingen sie, wenn sie starben?

Mohammed trat in die finstere Öffnung der Höhle und das Licht der Welt erlosch am helllichten Tag. Er taumelte. Die Hand am kalten Felsen, ließ er sich in den Schneidersitz sinken. Sein Atem beruhigte sich und die absolute Stille des Gesteins begann ihn zu umfassen.

Viele Tage und Nächte blieb Mohammed im Berg.

DIE ERSTEN OFFENBARUNGEN

Eines Nachts in der Höhle am Berg Hira, so berichtete Mohammed[28], trat, während er schlief, eine Gestalt zu ihm. In ihren Händen hielt sie eine Art Seidentuch, auf dem etwas geschrieben stand. Sie sagte: »Lies!« Mohammed antwortete: »Ich kann nicht lesen.« Darauf packte ihn die Gestalt mit dem Tuch und würgte ihn, bis er meinte, das Bewusstsein zu verlieren. Vorher aber ließ sie ihn los und befahl: »Lies!« Mohammed erklärte, dass er nicht lesen könne. Und wieder packte ihn die Gestalt und würgte ihn, dass er um sein Leben fürchten musste. Sie ließ ihn los, doch nur um ihn noch einmal zum Lesen aufzufordern. Mohammed schrie voller Verzweiflung: »Ich kann nicht lesen!« Dieses Mal würgte ihn die Gestalt, bis er dem Tod nahe war. Zuletzt rief sie: »Lies!« Da keuchte Mohammed mit letzter Kraft: »Was soll ich lesen?« Jetzt antwortete die Gestalt:

> »Lies, im Namen deines Herren, der erschuf,
> erschuf den Menschen aus einem Tropfen Blut.
> Lies, und die Güte deines Herren wird unüber-
>   troffen sein,
> er lehrte, das Schreibrohr zu nutzen,
> lehrte den Menschen, was er nicht wusste!«
> (Q 96, Vers 1–5)[29]

Mohammed sagte auf, was ihm vorgetragen wurde. Als er zu Ende gesprochen hatte, verschwand die Gestalt und Mohammed erwachte. Da war es, als wären ihm die Worte ins Herz geschrieben. »Erschuf den Menschen aus einem Tropfen Blut. Lehrte den Menschen, was er nicht wusste«, flüsterte Mohammed. Er verstand nicht, woher diese Worte kamen. Wer hatte sie ihm beigebracht? Waren ihm die Geister in den Kopf gefahren? War er verrückt geworden? »Erschuf den Menschen aus einem Tropfen Blut.« Was bedeutete das? Sollte er als Wahnsinniger zu den Menschen zurückkehren? Lieber würde er sich vom nächsten Felsrand in einen Abgrund stürzen. Mohammed rannte aus der Höhle, setzte mit weiten Schritten den Hang hinauf. Er kannte eine schmale Schlucht, die ihm ein sicheres Grab sein würde.[30]

Er hatte kaum die Hälfte des Weges geschafft, da ertönte vom Himmel eine gewaltige Stimme. Sie sprach: »Mohammed! Du bist der Gesandte Gottes! Und ich bin Gabriel!« Mohammed hob den Kopf und erblickte den Umriss einer Menschengestalt, die am Horizont zwischen Himmel und Erde aufrecht stand. Sie rief ihm zu: »O Mohammed! Du bist der, den Gott entsendet. Ich bin Gabriel!« Wie erstarrt schaute Mohammed der Erscheinung entgegen, tat keinen Schritt, weder vor noch zurück. Dann versuchte er, sich abzuwenden, und kehrte sein Gesicht zur Seite. Wohin auch immer er aber seinen Blick richtete, überall erkannte er die Gestalt, die sich Gabriel nannte. Er wagte es nicht, sich von der Stelle zu rühren.

Einige Bedienstete, welche Chadidscha mit Proviant für ihren Mann losgeschickt hatte, fanden ihn nicht, weder in der Höhle noch in ihrer näheren Umgebung. Sie suchten ihn überall. Erst spät am Abend kehrten sie zurück, jedoch ohne eine Spur von Mohammed gefunden zu haben. Da endlich ließ die Gestalt ab vom Gesandten Gottes.

Mohammed rannte los, lief den Hang hinab, die steinigen Wege zurück. Atemlos erreichte er schließlich Chadidscha und sackte vor ihr zusammen. Sie bedeckte ihn mit einem dünnen Umhang und saß an seiner Seite, bis er sich beruhigt hatte. Dann erzählte er ihr, was geschehen war. Chadidscha hörte zu, versuchte Mohammed zu ermutigen, gab ihm Wasser zu trinken, bis er endlich die Augen schloss und einschlief. Auch sie wusste nicht, was all das zu bedeuten hatte, und machte sich Sorgen um ihren Mann, der so angsterfüllt aus den Bergen zu ihr zurückgekehrt war. Aber sie ahnte, wo Hilfe zu suchen war: Ihr Vetter **Waraqah**, ein alter, blinder Mann, war seit langer Zeit Christ; er hatte die heiligen Schriften gelesen und von den Anhängern der Thora und des Evangeliums gelernt. Sie begab sich zu ihm und erzählte, was ihr Mohammed berichtet hatte.

»Heilig, Heilig!«, rief Waraqah aus und erklärte: »Wenn das wahr ist, was du sagst, Chadidscha, dann muss es Gabriel gewesen sein, der große Engel, der schon zu Mose kam, der nun auch Mohammed erschienen ist. Wahrlich: Dann ist Mohammed ein Prophet, unser Prophet, der Prophet dieser Gemeinschaft.«[31]

DER KORAN

Dies war der Anfang der langen Reihe an Begegnungen mit dem Botenengel Gabriel, der Mohammed jene Verse eingab, die wir heute mit Titeln und Nummerierung versehen im Buch des Korans wiederfinden – ein Buch, das in hundertvierzehn Suren die gesamte Offenbarung, die Mohammed über einen Zeitraum von zwei Jahrzehnten empfangen hat, vereint. Es ist eines der meistgedruckten Bücher der Welt und leicht erhältlich für jeden interessierten Alphabeten. Seit bald zweihundertfünfzig Jahren existieren Übersetzungen ins Deutsche, auf deren Titelblättern sich der eingedeutschte Begriff *Koran* findet.

Somit ist der Koran heute als einheitlicher Text für jeden leicht erhältlich. Die lange Geschichte seiner Auslegung hat allerdings ein vielfältiges, oft widersprüchliches und nur schwer überschaubares Wissensfeld hinterlassen. Die Bedeutung des Korans bleibt umkämpft und umstritten. Zur Zeit Mohammeds verhielt es sich genau umgekehrt.

Das arabische Wort *Quran*, das mit »Rezitation« zu übersetzen ist, war die Bezeichnung für die Suren, die ihm nach und nach offenbart wurden, auf dass er sie zuerst den Mekkanern, später vor allem den Muslimen vortrug. Der Koran war kein abgeschlossenes, vollständiges Werk. Seine Offenbarung, von der die ungewisse Zukunft der jungen Gemeinschaft abhängen würde, fand statt, und allein der undurchschaubare, göttliche Wille bestimmte über den Zeitpunkt und die Reihenfolge der Sendungen.

Mohammed, der Gesandte Gottes, würde jedoch zeit seines Lebens die oberste Autorität für ihre Auslegung sein. Im Laufe der ersten Offenbarungen lernte er, die Worte Gottes zu verstehen und ihre genaue Bedeutung klarer und deutlicher als je ein Mensch nach ihm zu erkennen. Nicht zuletzt sollte es seine Aufgabe sein, sie seinen Anhängern zu erklären und die Menschen zum Nachdenken darüber anzuregen.[32]

Er legte aber auch Wert darauf, dass einige seiner späteren Gefährten, die des Schreibens und Lesens kundig waren, die Suren schriftlich fixierten. Wie Juden und Christen würden so auch die Muslime eines Tages über eine heilige Schrift in der Form eines Buches verfügen. Geschrieben wurde auf Steinen, Palmblättern, Seidentüchern, auf Holzstücken, Leder oder auf den polierten Schulterknochen von Kamelen. Aus diesen Fragmenten entstanden in den Jahren nach Mohammeds Tod die ersten Sammlungen, die den Koran als Ganzes darzustellen beanspruchten. Erst um das Jahr 655 befahl *Uthman Ibn Affan*, der als dritter *Kalif*[33] (»Nachfolger«) die Muslime nach dem Tod Mohammeds anführte, eine für alle verbindliche Fassung des Korans zu erstellen.[34] Der Koran wurde ein einheitliches Buch; seine Auslegung aber wurde umso schwieriger, je weiter das Leben des Propheten in die Vergangenheit rückte.

In den dicken Bänden der traditionellen **Tafsir**-Literatur sind die vielen Möglichkeiten der Interpretation der einzelnen Suren und Zeilen versammelt. Grundlegend in den ersten Jahrhunderten nach dem Auftreten des Propheten war vor allem die philologische Deutung des koranischen Texts. Dies betraf Fragen der Lexik – die Bedeutung vieler Begriffe, die in Vergessenheit geraten waren, musste unter Zuhilfenahme der altarabischen Dichtung neu erklärt werden – und Fragen, die mit der Verschriftlichung aufgekommen waren. Die Schreibweise oder auch die Lesart mancher Worte war zweideutig und erlaubte unterschiedliche Interpretationen. Als Beispiel sei eine Stelle aus Vers einundsechzig der zweiten Sure genannt: »Bitte doch deinen Herren, für uns wachsen zu lassen, was die Erde an Grünzeug, Gurken und Getreide […] hervorbringt« – die Kost in der Wüste war karg und nicht selten wünschten ihre Bewohner, auch einmal die Früchte fruchtbareren Bodens genießen zu können. Das Wort, das die Exegeten beschäftigt hat, ist *Fum*, das hier als »Getreide« übersetzt ist. In dieser Bedeutung findet es sich in der vorislamischen Poesie. Da jedoch das Schriftbild dem von *Zum* sehr ähnlich ist, wurde es ebenfalls im Sinne von »Knoblauch« interpretiert. Solche Uneindeutigkeiten mögen in diesem speziellen Fall nichtig erscheinen. In anderen Zusammenhängen aber, wenn es sich um Glaubensfragen handelte, konnten solche Zweideutigkeiten einen Exegeten durchaus vor ernste Schwierigkeiten stellen.

Die zunehmende Vereinheitlichung des Korans als

geschriebener Text konnte also nicht verhindern, dass sich verschiedene anerkannte Lesarten etablierten, die für manche Verse sehr unterschiedliche Bedeutungen anboten. Als eine Art Kompass für das richtige Verstehen des Korans wurde dann zunehmend auf die Sunna zurückgegriffen. Der Exeget berief sich nun für seine Deutung auf die Überlieferungen über das Verhalten und die Aussprüche des Propheten wie auch seiner nahen Gefährten. Im Koran findet sich beispielsweise die deutliche Aufforderung an die Gläubigen, regelmäßig zu beten. Wie genau aber ein Muslim zu beten hat, ist allein in der Sunna anhand der vorbildlichen Ausübung des Propheten zu erfahren.

Unter den Werken traditioneller Tafsir-Literatur gibt es solche wie den berühmten Korankommentar des at-Tabari, der sich nacheinander sämtliche Verse des Korans vornimmt, und solche, die sich gesondert einem der vielfältigen Themen widmen, die im Koran angesprochen sind. So wurden auf alle Fragen, die das soziale, religiöse und politische Leben innerhalb der islamischen Gemeinschaft betreffen, im Koran und der Sunna Antworten gefunden. Die Ausübung der religiösen Pflichten, die ein Muslim zu erfüllen hat, wie das Gebet, die Almosengabe, die Wallfahrt und das Fasten, werden detailliert beschrieben.

Auch das islamische Recht beruft sich auf diese beiden zentralen Quellen, Koran und Sunna, aus denen es die unterschiedlichen Rechtsgebiete, wie das Erb-, Ehe- und Strafrecht ableitet. Die Gesamtheit all dieser göttlichen Vorschriften, die das alltägliche Handeln der Menschen betreffen, werden als *Scharia* bezeichnet – ein Begriff, unter dem heute oft vorschnell eine Art eindeutiger Gesetzestext verstanden wird.

Auch die Geschichtsschreiber haben ihren Teil zur Exegese des Korans beigetragen und sein Verständnis bis in die Jetztzeit geprägt. Für einzelne Teile der Offenbarung haben sie nach den historischen Anlässen ihrer Herabsendung, den *Asbab al-Nuzul,* in den Überlieferungen geforscht. Vor diesem konkreten Hintergrund konnten sie so manches Rätsel lösen. So könnte man etwa ohne die Überlieferungen nicht wissen, wer jener Abu Lahab war, dessen Untergang in der hundertelften Sure beschworen wird.

Wir werden sehen, wie nahtlos auch Ibn Ishaq die Suren des Korans mit der Geschichte des Lebens Mohammeds verwebt. Teilweise scheint der Himmel verblüffend direkt auf Probleme, die sich dem Gesandten auf der Erde stellen, zu antworten, sodass der Leser wie auch mancher Wissenschaftler sich fragen mag, ob manche Legende nicht allein zur besseren Erklärung einer speziellen Sure erfunden wurde. Dies mag vereinzelt durchaus der Fall gewesen sein, ist ein abstrakter Vers doch auch besser zu memorieren, wenn er mit einer handgreiflichen Anekdote aus dem Prophetenleben in Zusammenhang steht.

Jedoch hat eine Korandeutung, die sich derartig stark auf die Lebenszeit Mohammeds bezieht, zu neuen Schwierigkeiten geführt. Suren, für die eine zeitlose Gültigkeit beansprucht wird, wurden zum besseren Verständnis in einen historischen Kontext und bestimmte Situationen gesetzt, ein Kontext, der vermutlich nur ihrer Veranschaulichung dienen sollte.[35] Verallgemeinert man nun aber den Kontext, dann mögen sich die so gewonnenen Aussagen nicht mit einer veränderten Zeit und anderen Gesellschaftsformen vertragen. Auch die Fragen, die ein Muslim, der heutzutage im westlichen Europa lebt, an den Koran stellen würde, finden sich in der Sunna nicht. Was, beispielsweise, sind die Rechte und Pflichten eines muslimischen Staatsbürgers, wenn der Staat weder islamisch ist noch islamische Werte vertritt?

Will nun aber ein muslimischer Gelehrter die Frage der Exegese des Korans neu stellen, so trifft er auf den Widerstand derjenigen, die sich der islamischen Tradition auch weiterhin verpflichtet fühlen und nicht bereit sind, in der Auseinandersetzung mit dem nicht-islamischen Anderen ihre eigenen Glaubensgrundsätze neu zu überdenken. In Abgrenzung zu jeglichen Reformbemühungen scheinen fundamentalistische Strömungen im Islam lieber die vergangene Zeit wiederherstellen zu wollen.

Dabei hat es immer Richtungen der Korandeutung gegeben, die sich weniger an den historischen Umständen und Anlässen einer Offenbarung orientierten. Diese Richtungen werden unter dem vom Tafsir unterschiedenen Begriff *Tawil* zusammengefasst: eine auf Verstand und persönlicher Meinung beruhende Interpretation, die vor allem auf jene schwierigen Passagen im koranischen Text angewandt wird, die sich allein allegorisch oder als

Metaphern ausdeuten lassen.[36] Die *Tawil* genannte Koran-deutung eröffnete das Feld nicht allein den islamischen Philosophen, sondern auch all jenen Mystikern und Esoterikern, die selbst klar verständliche Textstellen allegorisch lasen, um verborgene Bedeutungen zu suchen und zu finden – und erweckte damit das Misstrauen der sogenannten Traditionarier, die fürchteten, dass übertriebene Spekulation und allzu moderne Interpretationen das Wesen des heiligen Textes verfälschen könnten.

In Reaktion auf die Moderne und die zunehmende Verwestlichung auch der islamischen Welt haben sich islamische Gelehrte wiederholt um alternative Deutungsansätze bemüht. Das Spektrum reicht also von konservativen und salafistischen Ansätzen bis hin zu hermeneutischen, naturwissenschaftlichen, antikapitalistischen und feministischen Interpretationen, um nur einige zu nennen. Ähnlich wie bei der Auslegung der biblischen Texte macht allein schon die Vielfalt der Möglichkeiten deutlich, dass es den einen wahren Schlüssel der Deutung nicht geben kann.

DIE ERSTEN MUSLIME

Heute ist allgemein bekannt, dass Mohammed der Prophet des Islams ist und der Koran das heilige Buch der Muslime. Möglicherweise hat man die erste Sure, *al-Fatiha*, schon einmal gelesen, die am Anfang des Korans steht und oft und gern mit dem christlichen Glaubensbekenntnis verglichen wird. Vielleicht hat man sogar die Formel, durch welche sich ein Mensch zum Islam bekennt und Muslim wird, schon einmal gehört: *La illaha illa Llah* – »es gibt keinen Gott außer Gott« – *wa Muhammadun Rasulu Llah* – »und Mohammed ist Gottes Gesandter«. In zahlreichen Büchern, kurzen und langen, populären und wissenschaftlichen, steht geschrieben, was der Islam ist, so wie es zahlreiche Bücher gibt, die erklären, was das Christentum und was das Judentum ist.

Als Mohammed aber vom Engel Gabriel hörte, dass er ein Gesandter Gottes sei, gab es noch keinen Islam und keinen Koran. Es gab nur ein paar erste Zeilen der Offenbarung. So wie Jesus nie erfahren hat, was das Christentum sein würde, und sicherlich nie geahnt hat, dass sein Abbild in den Häusern Gottes auch in den kommenden Jahrtausenden ans Kreuz genagelt hängen würde, wusste Mohammed zum Zeitpunkt der Berufung nicht, was der Islam ist und wie sich dieser in den kommenden Jahrhunderten entwickeln würde. Die Religionen entstehen erst im

Nachhinein, wenn die Menschen versuchen, die Schriften, Aussprüche und Taten ihrer Propheten zu verstehen und ihnen treu zu bleiben.

Als Gabriel zu Mohammed kam, war dieser unwissend. Er war ein Araber der *Dschahiliyya*, der großen Unwissenheit, wie die vorislamische Zeit später von den Muslimen genannt werden würde. Er war in der altarabischen Götterwelt aufgewachsen, kannte die Götzen und wusste um ihre Macht. Von den beiden großen Offenbarungsreligionen, dem Judentum und dem Christentum, wusste er, wenn überhaupt, nur sehr wenig. Vom Erzengel Gabriel hatte er nie gehört. Mohammed war nicht belesen; er kannte die bereits vorhandenen heiligen Schriften, die Thora und das Evangelium, nicht. Er war ein Kaufmann und kein Gottsucher wie Waraqah Ibn Naufal, der sich mit den verschiedenen religiösen Strömungen, die in der Wüste kursierten, auseinandergesetzt hatte. Unberührt vom Wissen der Gelehrten hatte Mohammed sein Leben geführt. Was für ein gehöriger Schock muss es da für ihn gewesen sein, als ihn ein überirdisches Wesen, der Engel Gabriel, so direkt angesprochen und tätlich angegriffen hat? Dass er zuallererst fürchtete, dem Wahnsinn verfallen zu sein, überrascht da nicht.

Aber dennoch konnte ihn Chadidscha unverhofft schnell beruhigen. Als Mohammed erwachte, erzählte sie ihm, wie Waraqah die ungeheuerlichen Geschehnisse gedeutet hatte. Mohammed hörte ihr aufmerksam zu und ließ sich erklären, was mit ihm passiert war. Mit neuem Proviant machte er sich dann auf den Weg zurück in die Berge, zurück zur Höhle, wo er noch ein paar weitere Tage verbringen wollte. Möglicherweise hegte er noch leise Zweifel, ob sich seiner nicht doch nur ein böser Geist bemächtigt hatte. Die nächsten Verse, die ihm in diesen ersten Tagen seiner göttlichen Sendung mitgeteilt wurden, scheinen eine Antwort auf solche skeptischen Gedanken zu sein:

»Bei dem Schreibrohr und dem, was sie schreiben,
du bist nicht, durch die Gnade deines Herren,
besessen!
Dich erwartet Lohn, der nicht zu Dank verpflichtet.
Wahrlich, dein Wesen ist erhaben und stark.«
(Q 68, Verse 1-4)

Vielleicht liegt das große Wunder der Offenbarungsreligionen nicht darin, dass Gott sich einem Einzelnen offenbart. Es gibt zahllose Menschen, die schwören, einem Engel begegnet zu sein oder eine göttliche Weisung erhalten zu haben. Und eine große Anzahl von Personen hat sich aufgrund solcher Erlebnisse dazu berufen gefühlt, vor die Menschen zu treten, um ihnen die Wahrheit zu verkünden. Solange all diesen winzigen und größeren Offenbarungen aber kein Glauben geschenkt wird, gelten sie als nichts Wunderbares, sondern einzig als Erlogenes und Erdichtetes, als Produkte der Fantasie, Wahnvorstellungen oder als Symptome psychischer Erkrankungen. Im besten Fall wird ihnen zugestanden, eine ausgeklügelte Weltsicht darzustellen, die ihrem auf Macht versessenen Erfinder helfen kann, die Menschen zu lenken und zu beherrschen.

Das Wunder aber, das auch die Wissenschaft nicht restlos aufklären und rationalisieren kann, ist der Glaube. Mohammed kam vom Berg, berichtete von Gabriel und wiederholte die merkwürdigen Zeilen, die ihm beigebracht worden waren. Noch nicht einmal er selbst wusste, was genau ihm da widerfahren war. Aber Chadidscha glaubte ihm. Sie zweifelte nicht. Sie suchte nicht nach vernünftigen Erklärungen: Du hast geträumt. Das hast du dir nur eingebildet. Du warst zu lange allein dort draußen, da muss man ja verrückt werden. Das hast du dir doch ausgedacht; erzähl mir doch keine Geschichten. Nein, Chadidscha glaubte ihrem Mann jedes Wort und wurde die erste, die Mohammed darin bestätigte, der Gesandte Gottes zu sein.

In kurzen Abständen wiederholten sich nun die Offenbarungen. Gabriel erschien in Menschengestalt und sprach so zu Mohammed, dass dieser ihn verstehen konnte. Manchmal überkam Mohammed auch ein ohrenbetäubendes, schmerzhaftes Glockengeläut, das erst nachlassen würde, wenn ihm die Botschaft ins Gedächtnis geschrieben war. Immer neue Verse wurden Mohammed so hinabgebracht, und schon war er von ganzem Herzen davon überzeugt, wahrhaftig mit Allah in Verbindung zu stehen. Dann jedoch, ohne Erklärung oder Vorwarnung, hörten die Offenbarungen auf, und Gabriel blieb verschwunden.

Mohammed wartete, aber nichts geschah. Je mehr Zeit verstrich, desto unsicherer wurde er: Hatte er etwas Falsches getan oder gedacht? War er in Ungnade gefallen? Hatte der Himmel ihn gar vergessen? Auch in dieser Zeit half ihm Chadidscha, standhaft zu bleiben und die Geduld zu wahren. Wie lange diese Phase des himmlischen Schweigens dauerte, ist nicht überliefert. Ihr Ende aber fand sie durch folgende Sure:

»Beim Licht der aufgehenden Sonne
und der Nacht, wenn Stille einkehrt!
Dein Herr hat dich nicht verlassen und er verab-
scheut dich nicht!
Und das Kommende ist besser für dich als das
Vergangene.
Wahrlich, dein Herr wird dir geben, dass du
zufrieden bist.
Hat er dich nicht als Waise gefunden und dir
Obhut gewährt?
Dich irrend gefunden und dir den rechten Weg
aufgezeigt?
Dich arm gefunden und reich gemacht?
Der Waise tue keine Gewalt an!
Den Bittenden weise nicht zurück!
Von der Gnade deines Herren aber berichte!«
(Q 93)

Mohammed wollte dieser Aufforderung Folge leisten und begann sich im kleinen Kreis seiner nahen Verwandten als Verkünder auszuprobieren. Er erzählte von seinen Erlebnissen und trug die ihm übersandten Verse vor. Doch das Wunder des Glaubens sollte sich nicht immer so augenblicklich einstellen, wie es bei Chadidscha der Fall gewesen war. Sein Adoptivsohn Zayd und sein Cousin Ali hatten sich zwar bald schon zu ihm als dem Gesandten Gottes und der göttlichen Botschaft bekannt. Dem Knaben Ali wird die Ehre zugeschrieben, der erste männliche Muslim geworden zu sein. Auch Mohammeds guter Freund **Abu Bakr** wurde ein treuer Gefährte. Abu Talib aber, der Mohammed so wohlgesinnte Onkel, wollte sich vom Glauben seiner Väter nicht trennen. Er sagte seinem Neffen jedoch seinen unbedingten Schutz zu: Kein Übel solle ihm widerfahren, solange er selbst noch am Leben sei. Sicherlich ahnte der erfahrene Abu Talib, dass Mohammed mit seinen neuartigen Reden nicht allein Frieden säte, sondern vor allem Ärger, Streit und Kampf heraufbeschwören würde.

Das erste offensichtliche Zeichen der Zugehörigkeit zur Lehre Mohammeds wurde die Praxis des gemeinsamen Gebets. Gabriel hatte Mohammed in einem Tal zwischen den Mekka umgebenden Hügeln erwartet. Als Mohammed ihn erkannte, lief er eilig zu Gabriel hinab, um die neue Offenbarung, wie er meinte, zu empfangen. Diesmal aber sprach Gabriel nicht, sondern hob ein Knie und stieß mit der Ferse in die sandige Erde eines ausgetrockneten Bachlaufs. Als er den Fuß wieder anhob, sickerte Wasser hervor, das schnell ein kleineres Becken gefüllt hatte. Gabriel kniete sich davor nieder und wusch sich das Gesicht und die Hände bis zu den Ellenbogen. Dann fuhr er sich mit den Händen über den Kopf. Zum Schluss wusch er noch seine Füße bis zu den Knöcheln hinauf. Als er fertig war, gab er Mohammed ein Zeichen, es ihm nachzutun.

Mohammed wusch sich das Gesicht und spürte, wie sich seine Stirn, Wangen und Lippen entspannten. Er wusch sich die Hände und spürte, wie alle Anstrengung aus seinen Fingern wich. Er strich sich über den Kopf, und seine Gedanken kamen zur Ruhe, aller Ärger und jede Sorge waren vergessen. Als er sich auch die Füße gewaschen hatte, erfüllte ihn eine innere Reinheit, eine Friedlichkeit und Harmonie, wie er sie in diesen aufregenden und schwierigen ersten Monaten seiner Entsendung nicht mehr gekannt hatte. Er lächelte Gabriel zu, der nun damit begann, ihm die Stellungen und Bewegungen des Gebets vorzuführen: das Stehen, das Beugen des Oberkörpers, das Niederknien, die Niederwerfung und das aufrechte Sitzen, mit dem immer wiederkehrenden Lobpreis: *Allahu Akbar* – nichts gleicht der Größe Gottes! Zuletzt sprach Gabriel den Friedensgruß: *as-Salamu alaykum* – der Friede sei mit euch. Auch Mohammed betete daraufhin in der Art und Weise, wie es ihn der Engel gelehrt hatte. Als seine Stirn die Erde berührte, da spürte er plötzlich so deutlich wie nie zuvor den wohlwollenden Blick seines neuen Herrn auf sich ruhen.

Die tiefe Verbeugung Mohammeds bezeugte seine absolute Ergebenheit und Hinwendung zu Gott, dem Schöpfer. Im Gebet wiederholte er sein Bekenntnis zu ihm und seine vollständige Unterwerfung unter den göttlichen Willen. Gott dankte ihm diesen Dienst mit Wohlwollen. In der ersten Zeit der Offenbarung bezeichnete das Wort *Islam* vor allem diese »Hingabe« und »Unterwerfung« der Gläubigen gegenüber Gott. Wer sich zu Mohammed und seiner Lehre bekannte, tat es dem Gesandten gleich und wurde *Muslim*: ein Mensch, der sich niederwirft, um sein Leben der Verehrung Gottes und dem Gehorsam ihm gegenüber zu widmen.[37] Je detaillierter und genauer die Vorstellung einer solchen Lebensführung durch die andauernden Offenbarungen wurden, desto weitreichender wurde die Bedeutung, die unter dem Begriff *Islam* zusammengefasst wurde. Heute ist *Islam* der Name einer komplexen Weltreligion, deren erste und äußerste Verpflichtung noch immer im Bekenntnis zu Gott und den täglichen Gebetsriten besteht.

Als Mohammed mit dem Wissen über die Waschung und das Gebet aus dem Umland nach Mekka zurückgekehrt war, war es wieder einmal Chadidscha, die er als Erste in das neue Ritual einweihte. Ihr Vertrauen zu ihm und ihr Haus waren ihm und den ersten Muslimen zum sicheren Zufluchtsort geworden. Vor allem Ali und Zayd hatten noch zu Hause an der Seite Mohammeds das Gebet kennengelernt. Nachdem aber ein immer größerer Kreis von Verwandten und Freunden von Mohammeds Sendung hörte, vergrößerte sich die Anzahl seiner Anhänger – wie auch die seiner Feinde – und die wachsende Gemeinschaft musste an andere Orte ausweichen. Die Muslime versammelten sich in den versteckten Schluchten rund um Mekka, wo sie im Geheimen die Gebete verrichteten. Noch war ihr Prophet nicht in aller Öffentlichkeit aufgetreten.

Unter diesen frühen Gefährten hatten einige auf äußerst wunderbare Art zum Glauben gefunden. Chalid, der Sohn eines einflussreichen Mekkaners, hatte beispielsweise durch eine Eingebung von Mohammed erfahren. Tief erschüttert von einem gefahrvollen Traum, war er zu Abu Bakr geeilt, der sich darauf verstand, die Zeichen der Träume zu deuten. Noch erfüllt vom Entsetzen, beschrieb er sein nächtliches Erlebnis:

»Ich stand am Rand einer hohen Klippe. Wie ich dorthin gelangt war, weiß ich nicht. Und vor dieser Klippe, da war kein Meer von Wellen und Wasser, sondern ein endloses Feuer brannte, hungrige Flammen loderten mir entgegen. Ich hatte die Augen zu Schlitzen verzogen, so unerträglich war die Hitze. Aber alles, was ich dachte, war: ›Warum bin ich hier?‹ Ich hatte keine Angst. Erst als mein Vater grußlos hinter mir auftauchte, ich seine Hände an meiner Hüfte spürte und er mich vorwärtsstieß, packte mich eine fürchterliche Angst. Nicht vor dem Sterben, nein, vor einem Unheil graute mir, das weitaus schlimmer war als der Tod allein. Ich wehrte mich, aber mein

Vater war stark. Er packte mich an beiden Handgelenken und zerrte mich vorwärts auf den Abgrund zu: Er wollte uns beide ins Flammenmeer stürzen!

Plötzlich aber umfassten mich zwei Arme, und ihr Griff war so fest, so sicher, dass alle Anstrengungen meines Vaters nutzlos wurden. Ich musste wissen, wer mein Retter war, und wandte mich um. Da war es ein einfacher Mann, der vor mir stand. Ich sah in sein lächelndes Gesicht und erkannte: Es war al-Amin, Mohammed. In diesem Augenblick erwachte ich.«[38]

Abu Bakr wird keine Schwierigkeit gehabt haben, diesen Traum zu deuten und den jungen Chalid an den Gesandten Gottes zu verweisen. Doch was bedeutet er für uns heute? Wofür stehen die einzelnen Personen, wofür das Meer der Flammen?

Der Vater repräsentiert die alte Lehre und den alten Glauben, in welchem den Götzen geopfert wurde, um sich Vorteile in der diesseitigen Welt zu sichern. Diese Lehre wurde von Generation zu Generation weitergegeben, vom Vater zum Sohn, wobei der Sohn dem Vater absoluten Gehorsam schuldig war. Die Väter aber schienen etwas übersehen zu haben: Außer dem Diesseits und dem Leben im Hier und Jetzt gab es noch eine andere, jenseitige Welt, die allein die Toten betraten. Die Väter, die in ihren alten Vorstellungen gefangen waren, würden in diesem Jenseits in einem ewigen Feuer landen, in der Hölle. Ihre Söhne, denen sie den falschen Glauben weiter- und weitervererbten, würde das gleiche traurige Schicksal ereilen. Mit dem Auftreten Mohammeds als Gottgesandtem aber änderte sich die Lage. Durch ihn wurde der Irrtum der alten Araber aufgedeckt. Der Tod im Diesseits war gar nicht das Ende. Er führte vielmehr direkt in jene zweite, unbekannte Welt.

Jedoch war das Glück oder Unglück, das einem Menschen dort widerfahren würde, an dessen Lebensführung in der ersten Welt geknüpft. Denn es gab im Jenseits nicht allein die Hölle, sondern auch ihr Gegenstück: das Paradies. Und Mohammeds neue Lehre konnte den Weg aufzeigen, um in ebendiesen schönen Himmel, jenen Garten Eden, ins Paradies zu gelangen.

Die Herzen der Alten waren Mohammed gegenüber verschlossen. Zu stark war ihre Bindung an die Tradition und den Glauben der Vorväter. Nicht so aber die Herzen der jungen Generation, wie sie der träumende Khalid repräsentiert. Würde er sich den starken Händen des Gottgesandten anvertrauen, dürfte er auf Erlösung und Rettung vor den Flammen hoffen, die ihm im Schlaf als Warnung erschienen waren. Mohammed konnte ihm Verse aufsagen, die ihm helfen würden, die Botschaft seines Traums klar und deutlich zu verstehen:

»Siehe, euer Streben trennt euch voneinander.
Jenem, der gibt und gottesfürchtig ist
und an das Gute glaubt,
dem ebnen wir den Weg zum Heil.

Jenem aber, der geizig ist und nur nach Reichtum
 trachtet
und das Gute für Lüge erklärt,
dem ebnen wir den Weg zum Unheil.
Nichts nützt ihm sein Besitz, wenn er in sein Ver-
 derben stürzt.
Wir sind es, die den Weg weisen,
und unser ist das Künftige wie das Gegenwärtige.
Ich warnte euch vor dem Feuer, das lodert.
Einzig für den größten Verbrecher ist es bestimmt,
der leugnet und sich abwendet.
Fern von ihm aber halten wir den Gottesfürch-
 tigen,
der wohltätig ist und rein.«
(Q 92, 4–18)

Es waren die jungen Männer Mekkas, die sich zuerst für
die neue Lehre begeistern konnten. Die Söhne der Reichen,
aber auch die Söhne der Armen gerieten in den Bann der
beeindruckenden Persönlichkeit Mohammeds. Für einen
jungen Hirten namens Abdallah Ibn Masud war es eine
ganz außergewöhnliche Begegnung mit dem Propheten,
die ihn dazu veranlasste, Muslim zu werden.

»Als ich eines Tages die Herde von Uqba hütete«, erzählte er, »kamen jener Mohammed und Abu Bakr gelaufen.
Sie waren zum Beten in die Berge gegangen. Dort hatten die Götzendiener sie überrascht und sie hatten fliehen
müssen. Ob ich nicht etwas Milch für sie habe, baten sie.

Ich antwortete, dass es nicht meine Schafe seien und ich ihnen nichts geben könne. Also fragte mich Mohammed nach einem jungen Schaf, das noch kein Bock besprungen habe. Ich packte eines und brachte es ihnen. Er fesselte es, strich über das Euter und sprach ein Gebet. Sofort wurde das Euter prall und voll. Abu Bakr hatte währenddessen einen Stein gesucht, der sich als Schale eignete. Mohammed molk das Schaf, hob den Stein an seine Lippen und trank. Dann trank auch Abu Bakr, zuletzt auch ich.«[39]

Abdallah Ibn Masud eilte in den darauffolgenden Tagen zu Mohammed, erfuhr vom Islam und bekannte sich zum einen Gott und dessen Gesandten. Er lernte das Gebet und hörte die Verse der Offenbarung, die er wiederholte, bis er sie nie vergessen würde. So entfaltete der junge Hirte, der fremde Schafe hatte hüten müssen, ein ungeahntes Talent und traf in der entstehenden Gemeinde der Muslime auf Anerkennung und Wertschätzung. Bald galt er als einer der besten Rezitatoren der göttlichen Rede und wurde zum wichtigen Vorbild für die sich entwickelnde Kunst des *Tadschwid*, des schönen Gesangs des Korans. In dieser Zeit genossen die Muslime die Rezitation der göttlichen Rede noch hauptsächlich versteckt in ihren Häusern oder den Tälern rund um Mekka. Später würde sie auch das Gebet in der Moschee begleiten, wie es bis heute Brauch ist. Eine für die Rezitation besonders beliebte Sure ist *al-Fatiha*, durch welche der Muslim seinen Glauben beteuert und Allah um Rechtleitung bittet. In einem gedruckten Buch ist keine Vorstellung des Klangs und der Atmosphäre einer solchen kunstvollen Lesung zu vermitteln. Ein Zuhörer, der aus einem christlich geprägten Land stammt, könnte sich vielleicht an gregorianische Choräle erinnert fühlen. Doch der Tadschwid lebt und wird von vielen Muslimen und Musliminnen praktiziert, in Moscheen werden Wettbewerbe um die beste Rezitation abgehalten, von denen in den neuen Medien reichlich Videomitschnitte zu finden sind.

Das kleine Wunder, dem Abdallah Ibn Masud beiwohnte, zeichnet sich dadurch aus, dass es nicht einzig dazu gedacht war, ihn zum Islam zu bekehren. Mohammed und sein Freund Abu Bakr waren durstig und allein aus dieser Not heraus hatte sich Mohammed seiner wunderbaren Fähigkeiten bedient. Er hatte keine missionarischen Absichten damit verfolgt und wahrscheinlich hatte er gerade deshalb so sehr auf den jungen Hirten wirken können.

Für einen Propheten, der die Menschen davon überzeugen will, dass er in einer engen und einzigartigen Verbindung zum höchsten Gott steht, scheint der Reiz groß zu sein, einem starrköpfigen Skeptiker mit Wundertaten zu begegnen. Und natürlich fordert andererseits gerade der starrköpfige Skeptiker solche Wundertaten als Beweis des Überirdischen ein. Die Geschichten der bekannten Propheten haben aber gezeigt, dass sich der Unglaube auch durch Wunder nicht so leicht erschüttern lässt. Auch der sture Pharao Ramsis, dem Mose an göttlichen Wundertaten so einiges zumutete, war ja Anhänger von Götzenkult und Vielgötterei. Trotz des Aufgebots eines wahren himmlischen Strafgerichts dachte Ramsis nicht daran, den einen Gott der Juden anzuerkennen und ihm zu gehorchen. Das größte Wunder bleibt der Glauben – selbst die Propheten können dieses nicht willentlich herbeiführen. Dort, wo Mohammed mit der reinen Verkündigung nicht weiterkam, wollte aber auch er sein Glück mit kleinen und größeren Wundertaten versuchen.

Noch immer war er nicht öffentlich als Prophet aufgetreten, sondern hatte allein unter seinen nächsten Familienmitgliedern zum Islam aufgerufen. Vor allem seine Cousins und Cousinen jüngeren Alters hatten sich ihm angeschlossen. Die Anführer der Familien seiner Sippe, seine verschiedenen Onkel, Abu Talib, Hamza, al-Abbas und Abu Lahab, verweigerten sich jedoch dem neuen Glauben. Insbesondere Abu Lahab entwickelte einen ausgesprochenen Hass auf den Neffen, der sich anmaßte, die Religion der Vorfahren zu verdammen.

Als aber Gott in einem Vers forderte: »Und warne deine nächsten Verwandten!«[40], durfte Mohammed die Konfrontation mit den Widerspenstigen nicht länger scheuen. In der *Weltgeschichte* des at-Tabari, von der zwei Bände einzig der Lebenszeit Mohammeds gewidmet sind, erfahren wir, wie Mohammed seinen Cousin Ali zu sich rief und zu ihm sagte: »Ali, Gott hat mir befohlen, die Verwandtschaft zu warnen. Aber ich habe gezögert. Denn sie werden mir doch nur Antworten geben, die mich beleidigen und traurig machen. Jetzt ist Gabriel gekommen und hat mich gewarnt: Ich müsse tun, wie mir geheißen, oder habe mit harter Strafe zu rechnen! Bereite uns also eine Mahlzeit: eine Hammelkeule, etwas Getreide, eine Schale Milch, mehr nicht! Vorher gibst du aber der ganzen Sippe Abdalmuttalibs Bescheid, dass ich sie einlade und mit ihnen sprechen will!«

Eine Anzahl von etwa vierzig Männern versammelte sich, unter ihnen auch die vier Onkel. Mohammed trat zu ihnen, begrüßte sie und ließ Ali das Essen bringen. Als aufgetischt war, nahm er sich ein Stück Fleisch, biss hinein und warf es zurück. Dann sprach er: »Esst, im Namen des Herrn!« Und die Männer rissen sich von der Keule fette Streifen ab und aßen und aßen. Doch auch als der Letzte schon nicht mehr konnte, fanden sich noch leckere Bissen. Niemand wollte die gute Speise verschmähen, und so aßen sie, bis sie satt und müde vom Tisch zurücksanken, auf dem wie unberührt die Hammelkeule lag.

Dann reichte Mohammed die Schale Milch an seinen Nebenmann. Dieser trank einen guten Schluck und gab sie weiter. Als sie aber einmal die Runde gemacht hatte und wieder in den Händen Mohammeds angekommen war, war sie noch immer randvoll. Mohammed führte sie an seinen Mund und leerte sie in einem Zug.

Endlich wollte er nun seinen Stammesbrüdern gegenüber das Wort erheben. Da aber raffte sich Abu Lahab auf: Er wischte sich das Hammelfett von den Lippen, ein Rülpser entfuhr ihm, dann rief er: »Euer Gastgeber hat euch alle verhext!« Stand auf und schleppte sich zur Tür hinaus. Auch die anderen verließen nun Mohammed, der unverrichteter Dinge zurückblieb.

Mohammed gab nicht auf. Wieder ließ er Ali ein Mahl bereiten und die Sippe zusammenrufen. Wieder kamen sie alle und aßen, bis sie nicht mehr konnten, und tranken, ohne die Schale zu leeren. Da sprach Mohammed laut: »O ihr Nachkommen des Abdalmuttalib, keiner unter den jungen Männern der Araber hat etwas Besseres zu bieten als ich. Ich bringe euch das Beste von dieser Welt und das Beste für die nächste. Gott hat mich entsandt, euch von ihm zu künden. Wer wird mir helfen? Wer von euch wird mein Bruder sein, mein Vertrauter und wer mein Nachfolger?«

Niemand antwortete. Erst als die Stille kaum mehr auszuhalten war, stand der dreizehnjährige Ali auf und rief mit heller Knabenstimme: »Ich werde dir helfen, O Gesandter Gottes!« Mohammed legte ihm die Hand auf die Schulter und sprach: »Das ist mein Bruder, mein Freund und Nachfolger! Folgt ihm und seid ihm gehorsam!« Aber das Wunder hatte seine Wirkung verfehlt: Die Männer lachten nur, erhoben sich und gingen ihrer Wege.[41]

Dieser Bericht ist in vielerlei Hinsicht aufschlussreich. Zuerst zeigt er einmal mehr, dass die Wundertat, hier: die unmögliche Speisung, von den Nicht-Muslimen als Zauber, von den Gläubigen aber, in diesem Fall dem jungen Ali, als echtes Wunder wahrgenommen wird. So scheint das Wunder erst mit dem Glauben in die Welt zu treten oder unauflösbar mit diesem verknüpft zu sein. Für Gelehrte wie Ibn Ishaq oder at-Tabari, die überzeugte Muslime waren, war es selbstverständlich, in ihre Geschichtsbücher in den Kapiteln über das Auftreten des Propheten auch Wunderberichte aufzunehmen. Das Wirken Gottes brauchte sich nicht an der Vernunft der Menschen messen zu lassen.

Das mohammedanische Speisewunder ist aber auch ein weiteres Beispiel für den großen Einfluss, den das Neue und Alte Testament auf die islamische Geschichtsschreibung ausübten. Mohammed durfte Jesus in nichts nachstehen. Hatte dieser nicht aus Wasser Wein gemacht und mit nur wenig Brot eine ganze Menschenmenge genährt? Um ihren Anspruch auf einen authentischen Propheten gegenüber den beiden monotheistischen Konkurrenzreligionen zu unterstreichen, waren die islamischen Gelehrten gezwungen, so manchen Wunderbericht in ihren Geschichtswerken unterzubringen.[42]

Ist es heutzutage üblich, die Wunderberichte aus dem Leben Jesu als Gleichnisse auszudeuten – sie also als rein literarische Form zu behandeln –, so steht einem ähnlichen Umgang mit den mohammedanischen Wundern die Textsorte des Geschichtsbuch im Weg. Denn die islamischen Gelehrten geben vor, tatsächliche Ereignisse und reale Geschichte zu erzählen. Würde ein Wunderbericht als literarisches Gleichnis, Allegorie oder als Parabel ausgelegt werden, wäre der Anspruch, echte historische Augenzeugenberichte wiederzugeben, nicht länger gerechtfertigt.

90

Gerade die erwähnten Wunder der Speisevermehrung böten sich natürlich dafür an, symbolisch gelesen zu werden. Das junge Zicklein, dessen Euter sich durch die Berührung und das Gebet Mohammeds füllt, könnte für die arabische Jugend stehen, die noch nicht von den Lehren der Alten verdorben und daher offen für die Worte des Gesandten Gottes war. Die Hammelkeule, die schier endlos den Hunger stillen kann, könnte für den Segen Gottes stehen, der den Menschen Sinn und Kraft auch in den dunkelsten Stunden bieten kann.

Zuletzt aber verweist das Hadith vom Speisewunder noch auf spätere innerislamische Streitigkeiten. Denn eines Tages würde sich Ali Ibn Abi Talib auf die Worte Mohammeds berufen und dessen Nachfolge als Anführer der islamischen Gemeinschaft einfordern – was einmal mehr deutlich macht, wie sehr die Hadithe als historische Zeugnisse behandelt wurden.

DIE KRISE

Die Heiligkeit der Kaaba bot Raum für viele Götter. Auch Mohammeds neue Lehre vom einen Gott und vom Jenseits hätte hier Platz gefunden. Die Quraisch mussten aber bald erkennen, dass Mohammed und seine Lehre sich nicht zur übrigen Götterwelt gesellen wollten. Allah stellte den Anspruch auf Einzigartigkeit; außer ihm sollte nichts anderes Göttliches verehrt werden. Und sein unermüdlicher Gesandter mit den vom neuen Glauben euphorisierten Muslimen würde den Quraisch so bald keine Ruhe mehr lassen.

Wie ein dünner Riss begann sich der Islam durch die mekkanische Gesellschaft zu ziehen. Streit und Ärger ernteten die abtrünnigen Söhne und Töchter von ihren Eltern, wenn sie hinaus in die Berge wanderten, um sich mit anderen Muslimen zum Beten zu treffen. Manche Eltern versuchten sogar, ihre Kinder zu Hause einzusperren. Noch war der Islam mehr oder weniger ein Problem der Familien, deren Einheit gefährdet war. Als Mohammed aber mit seiner Sendung an die Öffentlichkeit trat und auf dem Platz der Kaaba die offenbarten Verse vortrug, wurde aus dem dünnen Riss ein tiefer und breiter Graben. Der Kern seiner Botschaft, *Kein Gott außer Gott!*, war ein offener Angriff auf die altarabischen Gottheiten. Nicht allein ihr Rang und ihre Macht waren bedroht; nein, ihre schiere

Existenz wurde verneint. Jeglicher Glaube an sie war laut Mohammed nie mehr gewesen als ein großer und tragischer Irrtum.

Die Oberen der Quraisch versuchten, Abu Talib dazu zu bewegen, seinem Neffen ins Gewissen zu reden. »Der Sohn deines Bruders beschimpft unsere Götter, schmäht unsere Religion, macht unsere Tugenden lächerlich und bezichtigt unsere Väter des Irrtums!«[43], beschwerten sie sich. Tatsächlich verkündete Mohammed, dass »die Götzendiener in Dschahannams Feuer kommen und ewig darin verweilen. Sie sind die schlechtesten Geschöpfe.« (Q 98, 6) Die würdevollen Quraisch, die Hüter der heiligen Kaaba, mussten sich mit einem Mal anhören, dass sie Verdammte wären und nach dem Tod in den Flammen schmoren würden. Und selbst ihre eigenen Söhne, der Stolz der Väter, stimmten Mohammed in diesen Reden zu. Am liebsten hätten sie ihn zur Stadt hinausgejagt oder ihm mit einem Felsbrocken den Schädel zertrümmert, wie es Abu al-Hakam, einer der eifrigsten Widersacher Mohammeds, vorschlug. Abu Talib, der Anführer der Sippe Abdalmuttalibs, war aber nicht davon abzubringen, seinem Neffen Schutz zu gewähren. Zwar hatte er sich dazu drängen lassen, Mohammed um Mäßigung zu bitten; ihm das Verkünden seiner Sendung zu untersagen, stand jedoch nicht in seiner Macht.

Ausführlich berichtet Ibn Ishaq, wie sich daraufhin der Rat der Quraisch an Mohammed persönlich wandte. Sie ließen ihn zu einem Treffen einladen, um mit ihm zu verhandeln. Mohammed nahm die Einladung gerne an. Er sah endlich seine Chance gekommen, in einem direkten Gespräch die lang ersehnte Bekehrung der Oberen zu erreichen.

So entgegengesetzt die Ziele der beiden Streitparteien auch waren, so gering war jedoch die Wahrscheinlichkeit einer Einigung. Zuerst boten die Quraisch Mohammed Reichtum an, dann die Ehre des Stammesführers. Zuletzt versprachen sie, ihn zu ihrem König zu krönen, würde er nur endlich seine Botschaft widerrufen. Sollte er aber glauben, von einem Geist besessen zu sein, dann wäre ihnen kein Preis zu hoch, um eine Arznei zu finden, die ihn davon befreien könnte. Mohammed lehnte all das ab. Alles, was er wollte, war ja, dass sie ihn als Gesandten Gottes anerkennen, seine Worte annehmen und Muslime werden würden.[44]

Auf den ersten Blick scheint es verwunderlich, dass im Bericht des Ibn Ishaq Mohammed die Königswürde angeboten wird. Einen König hatte es in Mekka ja nie gegeben. Vermutlich wurde der Wortlaut der zugrundeliegenden Überlieferung erst im Nachhinein um die Königswürde erweitert. Auch ein nicht-arabisches Publikum würde so erfahren, dass es Mohammed nie auf die rein weltliche Macht angekommen war und dass seine Stellung innerhalb der islamischen Gemeinschaft nicht mit der eines Königs zu vergleichen war.

Mohammed wollte ja weder ein hohes Amt noch

Gefolgschaft für sich einfordern. Einzig Allah sollten sich die Quraisch unterwerfen. Bekannte man sich jedoch zu Allah, war man zugleich zum absoluten Gehorsam gegenüber Mohammed verpflichtet. Allah und seinem Gesandten war zu gehorchen – das galt für seine Frauen und jene, die ihm am nächsten standen, so wie für jeden gläubigen Muslim.[45] Mohammeds Forderung richtete sich im Grunde einzig darauf, seine Prophetie als wahrhaftig anzuerkennen. Die Verbundenheit eines wahren Muslims dem Gesandten Allahs gegenüber würde jedoch die Loyalität gegenüber einem Häuptling oder einem König um ein Vielfaches übertreffen.

Für einen Menschen, der fest im eigenen Glauben stand, musste diese Forderung eine ungeheuerliche Anmaßung sein. Und gerade die Anführer der Quraisch, die die Schirmherren der Kaaba waren und den Kult organisierten, hatten ihre religiösen Bräuche und Sitten nie in Zweifel gezogen. Ihre gesamte Lebensgrundlage basierte nicht zuletzt auf ihrem Glauben. Sie waren sowohl die religiösen als auch die politischen Anführer in Mekka. Ihre Treue den Pilgern, der Kaaba und den Götzen gegenüber festigte ihre Position als Vorsteher der arabischen Handelsmetropole, der sie nicht zuletzt ihre beträchtlichen Einkünfte verdankten. Für ihr materielles Glück wiederum dankten sie den Gottheiten mit reichen Opfergaben.

Auf der anderen Seite muss es für Mohammed unerträglich gewesen sein, dass der Großteil seines Stammes seinen Anspruch auf Prophetie so beständig und unnachgiebig zurückwies. Er war ja zutiefst davon überzeugt, einem Engel begegnet zu sein und von diesem einen göttlichen Auftrag erhalten zu haben. Und gerade die Araber waren es, denen er sich als Warner und Verkünder zuallererst verpflichtet fühlte. All sein Streben zielte darauf, sie vor den Qualen in einem grausamen Flammenmeer zu erretten. Aber diese Ahnungslosen klammerten sich an ihren Götzen fest und überschütteten Mohammed mit Verachtung und Verleugnung.

Kaum drei Jahre waren seit der ersten Offenbarung vergangen, aber die Kluft, die sich bereits durch die mekkanische Bevölkerung zog, schien keine friedliche Einigung mehr zuzulassen. Die eindringlichen Warnungen vor dem Tag des Jüngsten Gerichts, die in dieser Phase der Offenbarung bestimmend waren, spalteten sein Publikum. In knappen, doch umso eindringlicheren Beschreibungen berichtete er ihnen von den Erdbeben, Feuern und der andauernden Sonnenfinsternis, die das Nahen der letzten Stunde ankündigen würden: »Wenn die Sonne verdeckt wird, die Sterne verblassen und die Berge in der Erde versinken, wenn die trächtigen Kamelstuten zurückgelassen werden und die wilden Tiere sich aneinanderdrängen ...« (Q 81, 1–5) Dann würde sich zeigen, wer für sein Leben mit dem Eintritt in die Gärten des Paradieses belohnt oder mit der Verbannung in die Hölle bestraft werden würde. Bei manch einem mögen diese Warnungen und Verheißungen einen tiefgründigen Lebenswandel ausgelöst haben, die Mehrheit aber wollte sich von solchen Schreckensschilderungen nicht die Ruhe rauben lassen.

Je mehr Anhänger Mohammed um sich scharte, desto angespannter wurde die Situation. Ibn Ishaq berichtet vom ersten Blut, das im Namen des Islams vergossen wurde. In einem Handgemenge hatte ein Muslim den Kieferknochen eines Kamels ergriffen, damit auf einen Nicht-Muslim eingeschlagen und ihn am Kopf verwundet.[46] Mohammed aber ermahnte seine Anhänger, jegliche Gewalt zu vermeiden. »Und lasse den Ungläubigen noch Zeit, nur ein klein wenig Zeit!« (Q 86, 17), so war ihm aufgetragen worden. Einen offenen, mit Waffen ausgetragenen Konflikt hätte die junge islamische Gemeinschaft auch gar nicht überlebt. Ihre einzig mögliche Strategie war es, die Geduld zu wahren und alle Gewalt passiv zu ertragen.

Auch die Quraisch waren daran interessiert, zumindest den Schein öffentlicher Ordnung zu wahren. In den abgelegenen Tälern rund um Mekka aber richteten sie Marterplätze ein, wo es die muslimischen Angehörigen armer, machtloser Familien oder abtrünnige Sklaven waren, die ihren Zorn und Hass zu spüren bekamen. Um der Verfolgung zu entgehen, mussten viele Muslime ihren Glauben über lange Zeit geheim halten. Einer unter jenen Schutzlosen war der afrikanische Sklave **Bilal**. Auch er hatte sein Bekenntnis zu Mohammed und dem einen Gott versteckt gehalten. Als ihm aber befohlen wurde, einen jungen muslimischen Mann auszupeitschen, hatte er den Gehorsam verweigert und seinen neuen Glauben offen gezeigt. Seine Leidensgeschichte ist zum Sinnbild der gewaltsamen Unterdrückung geworden, durch welche der Glaube der ersten Muslime auf eine harte Probe gestellt wurde.

In dem Film *The Message* wird Bilals Geschichte in ergreifenden Bildern gezeigt. Arme und Beine an Pfosten gefesselt, liegt er auf dem sandigen Wüstenboden. Sein Körper ist von Blut und Schweiß bedeckt und glänzt unter den brennend heißen Strahlen der Mittagssonne. Über ihm steht sein Besitzer Abu Umayya. Er ruft: »Wer ist nun stärker, dein Herr und Meister oder dieser eine Gott, dem du nachläufst?« Auch ihm rinnt der Schweiß über das Gesicht, während er mit voller Kraft die Peitsche auf den Sklaven drischt. Bilal hält die Augen geschlossen, windet den Kopf hin und her und stottert unter Schmerzen: »Einer, einer, nur ein Gott.«

Um den Willen des Sklavens endlich zu brechen, befiehlt Abu Umayya den Dienern, einen gewaltigen Felsbrocken auf Bilals Oberkörper zu heben. Sollte er sich weigern, zu widerrufen, so würde der Fels ihn langsam erdrücken. Bilal wimmert: »Einer, einer!« Er ist kurz davor, als erster islamischer Märtyrer in die Geschichte einzugehen. Da aber kommt ein Freund Abu Bakrs auf den Folterplatz gelaufen, mit einem Beutel klimpernder Münzen in der Hand. Dem Angebot, einen halbtoten, noch dazu untreuen Sklaven für zweihundert Dinar zu verkaufen, kann Abu Umayya nicht widerstehen, und Bilals Leben ist in letzter Sekunde gerettet.

Ein Sklave war bereit, seinem Gott bis in den Tod die

Treue zu halten, und wurde zum Helden des neuen Glaubens. Abu Bakr kaufte den zerschundenen Sklaven für ein Vielfaches seines Werts und schenkte ihm die Freiheit – angesichts solcher Ereignisse geriet die Welt der Quraisch ins Wanken. In ihren Augen handelten die jungen Muslime entgegen aller Vernunft. Wer den Preis für die Sklaven in die Höhe trieb, um sie kurz darauf in die Freiheit zu entlassen, der würde schon im kommenden Jahr eigenhändig die Ställe reinigen und die Tiere füttern müssen! Aber was den alten Arabern als richtig galt, galt den Muslimen unter ihnen als falsch. Abu al-Hakam – Vater der Weisheit – erhielt von Mohammed den Spitznamen Abu Dschahl – Vaters des Unwissens. So mancher der Quraisch war kurz davor, die Geduld zu verlieren und seinerseits Grenzen zu überschreiten.

Als sich in diesen Tagen **Omar Ibn al-Chattab** sein Schwert umgürtete, war er wild entschlossen, die heilige Waffenruhe, die in der Stadt der Kaaba herrschte, zu brechen. Ibn Ishaq erzählt uns, wie Omar auf der Straße einen jungen Mann namens Nu'aim traf. Sie grüßten einander, und Nu'aim fragte: »Wohin willst du, Omar?« Worauf Omar laut und zornig erklärte: »Zu Mohammed, der die Quraisch gespalten, ihre Vernunft zur Dummheit erklärt, ihre Religion entehrt und ihre Götter verflucht hat, um ihn zu töten!« Da antwortete Nu'aim: »Du schadest nur dir selbst. Denkst du etwa, dass seine Sippe dich nur einen Tag länger auf Erden wandeln lässt, wenn du Mohammed umbringst? Besser, du kehrst um und siehst bei dir zu

Hause nach dem Rechten! Ist es nicht so, dass deine eigene Schwester Fatima und ihr Mann Said Muslime geworden sind und Mohammed in seinem Glauben folgen? Um diese beiden solltest du dich kümmern!« Sofort machte sich Omar auf den Weg zu seiner Schwester.

Als er ins Haus stürmte, hörte er noch den leisen Gesang, den er bereits von den Muslimen kannte. Er stieß die Tür zu Fatimas Zimmer auf. Sie und ihr Mann saßen starr und still auf einem Diwan und blickten ihm erschrocken entgegen. Er rief: »Was war das für ein Gemurmel, das ich eben noch gehört habe?«

»Gar nichts hast du gehört!«, erwiderten die beiden.

»Doch, das habe ich. Genauso wie ich gehört habe, dass ihr euch Mohammed angeschlossen habt!«, schrie er wutentbrannt und sprang auf seinen Schwager zu. Fatima aber warf sich schützend vor ihren Mann, sodass Omars Fäuste sie trafen. Sie taumelte und stürzte zu Boden. Jetzt gestand sie: »Ja, wir sind Muslime! Wir glauben an Allah und seinen Propheten! Tu, was du für richtig hältst!«

Omar wich zurück. Als er ihre Angst spürte und sah, dass sie blutete, legte sich seine Wut. An deren Stelle traten Reue und Scham. Er sprach: »Zeigt mir, was ihr vorgelesen habt. Es waren doch die Verse Mohammeds!«

Seine Schwester zog unter einem Kissen ein Stück Leder hervor – sie ahnte, dass die Zeit gekommen war, ihren Bruder für den neuen Glauben zu gewinnen. »Versprichst du, es nicht ins Feuer zu werfen oder sonst wie zu vernichten?«

Omar versprach, es ihr unbeschadet zurückzugeben.

»Wasch dir die Hände! Du musst rein sein, wenn du es berühren willst!«, forderte Fatima und Omar gehorchte. Sie gab ihm das Blatt, auf dem die Sure mit dem Namen *Taha* notiert war, und Omar las:

>»Taha. Wir haben den Koran nicht herabgesandt, damit er dir zur Last fällt, sondern als Erinnerung für jenen, der Gott fürchtet. Eine Sendung von dem, der die Erde erschaffen hat und die hohen Himmel, dem Barmherzigen, der auf seinem Thron sitzt. Ihm gehört, was in den Himmeln ist und auf Erden und alles, was zwischen diesen beiden ist und unter dem feuchten Grund.«
>(Q 20, 2–6)

Die Schönheit dieser Verse begeisterte Omar so sehr, dass all sein Hass auf Mohammed vergessen war. Hatte er ihn am Morgen noch töten wollen, so machte sich Omar nun auf den Weg zu ihm, um sich zum Islam zu bekennen und Allah und seinem Gesandten die Treue zu schwören.[47]

Der eloquente Gott

Wie literarische Versatzstücke begleiten die verschiedenen Arten von Wunderberichten die Geschichten über die großen spirituellen Führer: Mag es die Speisung einer großen Menschenmenge mit nur einer Handvoll Datteln, wenigen Laib Brot oder einer einzigen Hammelkeule sein oder eine übernatürliche Begegnung in der Sphäre des Traums. Die hagiografischen Legenden und Mythen berichten von eingetroffenen Wahrsagungen und all den anderen unmöglichen Handlungen wie der Heilung der Kranken oder dem Lesen der Gedanken. Wir haben gesehen, dass auch Ibn Ishaqs Berichte über die ersten Bekehrungen zum Glauben Mohammeds oft Motive einer solchen allgemeineren Prophetentradition aufweisen. Die Überlieferung von Omar Ibn Chattabs Bekehrung zum Islam aber zeichnet sich durch ihren spezifisch islamischen Charakter aus. Denn sie verweist auf das eigentliche Wunder des Islams: die außergewöhnliche Schönheit und Kraft der göttlichen Rede, die sich im Koran manifestiert.

> »Hätten wir diesen Koran auf einen Berg herabgesandt, sähest du, wie jener zerbrechend niedersinkt aus Furcht vor Gott.« (Q 59, 21)

Mohammed war ein Kaufmann; er war keiner der altarabischen Dichter, deren Dichtkunst auf einer ausgefeilten Tradition und übersinnlicher Inspiration beruhte. Er beherrschte die pragmatische, zielorientierte Sprache des Handels. Seitdem er aber mit der Offenbarung bedacht wurde, trug er Zeilen vor, die sich sprachlich von allem Bekannten unterschieden. Zeilen, die sich reimten, aber nicht den metrischen Normen der traditionellen Poesie entsprachen; Zeilen, die eine unmittelbare Kraft entfalten konnten, wie es sonst nur den Sprüchen und Schwurformeln der Zauberer und Wahrsager nachgesagt wurde. Es waren Texte, die die Traditionen der bekannten Genre überstiegen.

Mittels der Offenbarungen erfuhr Mohammed von seiner Berufung und erhielt die Botschaften, die er zu verkünden entsandt war. Zugleich sollte ihm der Koran aber auch das wichtigste Mittel sein, seine Ziele zu erreichen. Die Schönheit der Sprache, die in dieser Art und Weise zur damaligen Zeit gänzlich unbekannt, neu und unerhört war, beglaubigte seinen Anspruch auf Prophetie. Sein Koran sollte beweisen, dass er tatsächlich mit der verborgenen höchsten Macht des einen Gottes in Verbindung stand. Wie sonst sollte er zu solch einem Text gekommen sein? Die göttliche Rede, die er wiedergab, war das größte Wunder, das Gott seinem Gesandten mit auf den Weg gegeben hatte. »Würden sich die Menschen und die Dschinn versammeln, um etwas gleich diesem Koran hervorzubringen, sie brächten nichts dergleichen hervor, selbst wenn die einen den anderen beistünden« (Q 17, 88), so war es ihm offenbart worden.

In seinem Buch *Gott ist schön*[48] gibt Navid Kermani in nahezu unerschöpflicher Fülle Berichte von Zeitgenossen Mohammeds wider, die von der Wirkkraft des Korans ergriffen worden waren. Sie weinten, fielen in Ohnmacht, wurden krank, zitterten und warfen sich zu Boden. Einsame Nächte hindurch rezitierten sie nur einen einzigen Vers und sprachen danach monatelang kein Wort mehr. Auf einen Schlag änderte der Koran ihr Leben und ihre Sicht auf die Welt. Die Erhabenheit des Korans hinterließ die redegewandten Araber sprachlos.

Auf die ausführlichen Beschreibungen der ersten Hörerschaft folgen Kermanis Versuche, das Wunder des Korans zu ergründen und seinem Leser begreiflich zu machen. Er attestiert dem koranischen Text im hohen Maße poetische Eigenschaften, die auch die großen Werke der Literatur, sei es Lyrik oder Prosa aufweisen: eine unergründbare Offenheit, die zu immer neuen Interpretationen anregt, und einen radikalen Umgang mit höchst unterschiedlichen stilistischen Mitteln. Diese aufschlussreichen literaturwissenschaftlichen Betrachtungen aber scheinen die außergewöhnlichen ekstatischen Zustände, in die die ersten Muslime gefallen sein sollen, nur sehr begrenzt erklären zu können. Es sieht vielmehr so aus, als wären diese Zustände der eigentliche Beweis für die Wunderkraft des Korans.

Glaubt man wirklich an ein Wunder, ist es mit Sicherheit ein Irrweg, überhaupt zu versuchen, es zu erklären.

Würde man Erklärungen finden, wäre das Wunder kein Wunder, sondern nur ein Trick oder eine ausgeklügelte Methode, wirkungsvolle Effekte zu erzielen. Worin genau die Schönheit besteht, die Omar Ibn Chattab so eindrücklich erfahren hat, wird sein Geheimnis bleiben.

Bestimmte Erfahrungen, die ein Gläubiger in der Ausübung seiner Religion macht, sind durch Worte kaum zu vermitteln. Was beispielsweise ein Buddhist fühlt, wenn er über Stunden ein Mantra rezitiert, ist durch Erklärungen nicht nachzuempfinden. Wahrscheinlich wird er trotzdem versuchen, es zu umschreiben: »Er spüre seinen inneren Buddha« oder »trete in Kontakt zum kosmischen Gesetz« – ein Buddhist, der ähnliche Erfahrungen gemacht hat, mag unter diesen Phrasen etwas verstehen, den Laien aber lassen sie eher ratlos zurück. Die Schönheit des Korans scheint eine einschneidende Erfahrung gewesen zu sein, die manche der alten Araber gemacht haben und daraufhin Muslime wurden. Sie war aber mitnichten eine rein ästhetische Erfahrung.

Bislang hatten die Araber im reinen Diesseits gelebt; sie teilten ihre Welt zwar mit Geistern und verschiedenen Gottheiten, doch fern dieser diesseitigen Welt existierte nichts. Der Tod war ein absolutes Ende. Durch die Botschaft des Korans aber, die in ihrer Schönheit so überzeugend und fremd zugleich war, erfuhren sie nun von etwas, das ihren Verstand restlos überstieg. Sie erfuhren, dass Allah ein Einziger war, dessen Wesen weder Anfang noch Ende kannte: »Er hat weder gezeugt noch wurde er geboren, und niemand ist ihm gleich.« (Q 112, 3–4) In seinem Himmelsreich saß Gott auf einem Thron, der die Erde und sämtliche Himmel umfasste. Am Ende der Zeit würden die Menschen vor ihn treten müssen, um Rechenschaft für all ihre Taten abzulegen. Plötzlich gab es nicht mehr nur die Erde unter den Füßen, sondern eine jenseitige Welt über den Köpfen tat sich auf. Wer all das, gar in einem einzigen Augenblick, durch den Koran als Wahrheit erkannte, geradezu erlebte, den fegte es von den Beinen, der brach in Schluchzen aus, der ergraute binnen weniger Sekunden – er war erlöst von der Pein eines bedeutungslosen Lebens.

> »Gott ist das Licht der Himmel und der Erde. Sein Licht gleicht einer Nische, in der eine Lampe brennt. Die Lampe ist von Glas, es funkelt wie ein Stern, entzündet von einem gesegneten Baum, ein Ölbaum, der weder Osten noch Westen kennt, dessen Öl beinahe leuchtet, ohne dass Feuer es berührt, Licht über Licht, Gott leitet zu seinem Licht, wen er will, er prägt die Gleichnisse für die Menschen, es gibt nichts, das er nicht weiß.«
> (Q 24, 35)

Omar gegenüber hatte sich die volle Wirkung des Korans entfalten können. Die Mehrheit der Mekkaner war jedoch nicht bereit, den göttlichen Ursprung der Reden Mohammeds anzuerkennen. Um sie durch eine

Art Dichterwettkampf zu überzeugen, ließ Gott seinen Gesandten die Aufforderung verkünden: »Oder sagen sie: ›Er hat ihn frei erfunden?‹ [...] So mögen sie selbst eine Rede wie diese hervorbringen, wenn sie die Wahrheit sprechen.« (Q 52, 33–34) Dass die Wortgewandten der Quraisch auf diese Forderung eingegangen wären, ist nicht überliefert. Auch Koran-Imitate, die aus einem von Mohammed angestifteten Wettstreit hervorgegangen sein könnten, sind nicht bekannt. In den Augen der nicht-muslimischen Araber blieb Mohammed ein Besessener, ein Hexer oder Zauberer – und die Rede eines Verrückten nachzuahmen, dazu würde sich keiner der ehrwürdigen Quraisch herablassen.

In der Gedankenwelt der alten Araber kam es durchaus vor, dass ein Mensch Zugang zur Sphäre des Verborgenen hatte. Die Wahrsager und Vogelschauer verkündeten Eingebungen, die ihnen durch die Dschinn zugetragen worden. Die Dichter waren von Dämonen beseelt, die ihnen per Inspiration ihre Verse einflüsterten. Ihre Flüche brachten böses Unheil über die befeindeten Stämme. Wenn es in der Vorstellung der Araber auch kein Jenseits gab, so gab es doch jene unsichtbare Sphäre des Übernatürlichen, in der allerlei Geistwesen lebten. Dem gewöhnlichen Menschen blieb diese versperrt.[49] An der Grenze zu dieser Sphäre war Gabriel Mohammed erschienen. Gabriel aber war ein Engel, der Botschaften aus einem Raum brachte, der gänzlich außerhalb der Welt stand. Die Existenz dieses höchsten aller Seinsbereiche, von dem aus Gott die Welt erschaffen haben sollte, war für einen Menschen nur sehr schwer zu begreifen.

Wie sollte Mohammed da beweisen, dass er mehr war als ein Dichter oder Wahrsager? War die Sprache seines Korans auch eigenartig, geradezu außergewöhnlich, so schien sie doch den Versen der Dichter und den Sprüchen der Wahrsager verwandt. Wie sollte er beweisen, dass sein Wissen nicht von den herumirrenden Geistern stammte, sondern von dem einen Gott, der alles überstieg? Unermüdlich beteuerte Mohammed in seinen Versen, weder ein Dichter noch ein Besessener oder Wahrsager zu sein.[50] Das Urteil der Mekkaner lautete dennoch in den meisten Fällen: »Er ist nichts außer ein Mensch, der besser sein will als ihr. Wenn Gott gewollt hätte, hätte er einen Engel gesandt. Nie haben wir von derartigem durch unsere Vorväter gehört. Er ist nur ein Mann, der von Dschinnen besessen ist.« (Q 23, 25–26)

Die Zeit der Verfolgung

Es muss für Mohammed eine ernüchternde Zeit gewesen sein. Gerade hatte er sich an die Offenbarungen gewöhnt, die ja eine enorme physische und psychische Belastung bedeuteten – oft überkamen sie ihn mit einer Heftigkeit, die an epileptische Anfälle erinnern könnte[51] –, schon überdeckten Schatten die Freude über die ersten Anhänger. Die Mehrheit der Araber schien von einer unbeirrbaren Ignoranz beherrscht zu sein. Anstatt Mohammed friedlich und unvoreingenommen anzuhören, eröffneten sie die brutale Verfolgung der Muslime. Und Mohammed hatte keine Mittel, um seinen schutzlosen Anhängern beizustehen. Auch sein eigenes Wohlbefinden hing ja vom Schutz und dem Wohlwollen seines Onkels Abu Talib ab, der selbst noch dem alten Glauben die Treue hielt. Allen Bemühungen Mohammeds zum Trotz wollte er sich nicht zum Islam bekehren. Der einzige Trost, den der Gesandte Gottes seinen Anhängern in der schweren Zeit geben konnte, waren wiederum die Worte des Korans:

> »Siehe, die Rechtschaffenen werden in Wonne sein,
> auf Kissen gebettet, lassen sie die Blicke schweifen.

Auf ihren Gesichtern erkennst du die Schönheit
der Wonne.
Erlesener und versiegelter Wein wird ihnen
gereicht,
versiegelt durch Moschus – so ist, was die Begie-
rigen ersehnen –
geschöpft aus der Quelle von Tasnin,
einer Quelle, aus der jene trinken, die Gott nahe-
stehen.«
(Q 83, 22–28)

Um aber doch ihr Leid auf Erden etwas abzumildern, riet
Mohammed seinen schutzlosen Anhängern zur Flucht. Sie
sollten über das Rote Meer setzen und im christlichen Kaiserreich Abessinien Schutz suchen. Eine Gruppe von etwa
hundert Männern und Frauen machte sich über die alten
Handelsrouten auf die Reise ins nahe Afrika. Tatsächlich
fanden sie dort unter dem Negus, der Titel des abessinischen Kaisers, ein relativ sicheres Exil. Endlich frei von den
Häschern der Götzendiener, die ihnen den neuen Glauben hatten austreiben wollten, konnten sie dort ungestört
ihre Gebete verrichten.[52]

Die muslimische Gemeinschaft in Mekka schmolz in
der Folge zu einer kleinen Minderheit zusammen. Diese
bestand nun aber zum Großteil aus solchen Muslimen, die
den Schutz einflussreicher Familienmitglieder genossen.
Aus dem weitverzweigten Stammesverband der Quraisch

waren sie nicht herauszulösen. Jeder offene Kampf gegen einen oder mehrere Muslime hätte eine blutige Stammesfehde heraufbeschworen.

Außerdem war nicht abzusehen, was die neue islamische Enklave am Hofe des abessinischen Kaisers erreichen könnte: Würde der Negus sich in den Konflikt der Mekkaner verwickeln lassen? Würde er sich gegebenenfalls auf die Seite der Muslime schlagen und sie gegen die Elite der Quraisch unterstützen? Die Schriftgläubigen, wie Mohammed Christen und Juden genannt hatte, schienen ja den Muslimen im Glauben an den einen Gott verwandt zu sein – für die Stammesführer der Quraisch wurde es höchste Zeit, sich eine neue Strategie zu überlegen.

Dass sie sich nicht allein auf körperliche Gewalt in ihrem Kampf gegen den Islam beschränken durften, hatten schon die oft unerwarteten Bekehrungen unter ihresgleichen gezeigt. Omar Ibn al-Chattab war bereits an die neue Lehre verloren; auch Hamza, ein Onkel Mohammeds und gefürchteter Kämpfer, wechselte die Seiten. Unter dem Schutz dieser Männer konnten die Muslime es wagen, sich selbst auf dem Platz der Kaaba zum Gebet zu versammeln.

Die Quraisch ließen vorerst die Peitschen ruhen und begannen sich in einer Art Propagandakampf gegen Mohammed zu engagieren. Während der jährlichen Pilgermonate sabotierten sie sein Auftreten als Prophet, indem sie an allen großen Routen, die nach Mekka führten, ihre Boten aufstellten. Diese sollten die Reisenden warnen, sich Mohammed Ibn Abdallah zu nähern: Er wäre ein Hexer, der die Macht hätte, einen Menschen von seinem Vater, seinem Bruder, seiner Frau und von seiner ganzen Familie zu trennen. So wollten sie Mohammed isolieren und von seiner steten Bekehrungsarbeit abhalten.

Auch an den abessinischen Hof entsandten sie Boten, die Aufklärungsarbeit leisten sollten. Die Quraisch hatten verstanden, dass Mohammeds Koran nicht allein die Existenz der altarabischen Gottheiten verneinte, sondern auch die Idee des Gottessohns als Irrtum darstellte: »Dies ist Jesus, der Sohn der Maria – das Wort der Wahrheit, an dem sie zweifeln. Allah ist keiner, der sich einen Sohn nimmt. Preis ihm! Wenn er eine Sache beschließt, so spricht er: ›Sei!‹ und es ist.« (Q 19, 34–35) Der Negus aber dachte nicht daran, sich von Götzendienern in der Auslegung der Religion belehren zu lassen. Mitsamt ihrer großzügigen Geschenke mussten die Boten die Rückreise antreten, und die Freundschaft zwischen den Flüchtlingen und ihrem Gastgeber blieb ungebrochen.

Die dritte und härteste Maßnahme der Quraisch richtete sich gegen Abu Talib und all die Familien, die sich auf den Urgroßvater Mohammeds, **Haschim**, bezogen. Sie wurden aus der Stammesgesellschaft verbannt. Auf einer Urkunde, auf der nicht weniger als vierzig Familienoberhäupter ihr Siegel gesetzt hatten, stand geschrieben, dass niemand mehr eine Frau der Haschim heiraten oder seine Tochter einem Mann der Haschim zur Frau geben sollte. Außerdem sollten die Haschim von allem Handel ausgeschlossen werden: Nichts durfte mehr an sie verkauft oder von ihnen gekauft werden. Ein solcher Boykott raubte den betroffenen Familien ihre Lebensgrundlage; sie waren ja keine Bauern, sondern kauften ihre Lebensmittel auf den Märkten der Stadt.

Um sich gegenseitig besser unterstützen zu können, zogen die Sippen der Haschim in den abgelegenen Teil des Tales von Mekka, in dem Abu Talib und bereits viele von ihnen lebten. Zwischen den Ausläufern der Berge fanden sie Schutz. Gleichzeitig aber waren sie eingekesselt, und die geheimen Helfer, die ihnen, so gut es ging, Nahrung zu verschaffen suchten, waren an den wenigen Zugängen ins Viertel der Haschim leicht von den Wächtern der Quraisch abzufangen. Vor allem Abu Bakr brauchte über die Zeit des Boykotts sein gesamtes Vermögen auf, um Mohammed, den Muslimen und den Verbannten zu helfen.

Die Quraisch hatten gehofft, dass Abu Talib, der durch den Bann in die Enge getrieben war, bald schon seinem Neffen den Schutz entziehen würde. Aber sowohl Abu Talib als auch die versammelten Sippen hielten Mohammed selbst in der größten Not die Treue. Und auch Mohammed blieb angesichts des Hungers, der Armut und unwürdigen Behandlung, denen sich seine Unterstützer ausgeliefert sahen, standhaft und ließ sich nicht zur Widerrufung seiner Sendung drängen – glaubte er doch, zu wissen, wie gering das diesseitige Leid im Vergleich zu den jenseitigen Qualen war, die all jene erwarteten, die im Unglauben verharrten und sich gegen ihn und die Muslime stellten. Gott hatte ihm eine Ahnung davon vermittelt:

Weh dem, der leugnet und lästert,
jenem, der Reichtümer anhäuft und abzählt.
Er denkt, dass sein Besitz ihn unsterblich macht.
Aber nein, nach al-Hutama wird er hinweggefegt.
Und woher weißt du, was al-Hutama ist?
Es ist das lodernde Feuer Gottes,
das die Herzen durchdringt
und über sie hinausschießt
in wirbelnden Fontänen.
(Q 104)

Die Offenbarung entlastete ihn von Schuldgefühlen: Wenn seine Nächsten auch leiden mussten, so schützte er sie doch vor dem unvorstellbar schlimmeren Leid, das die Hölle für ihre Insassen bereithielt. Der Weg, den er sie führen wollte, war nun einmal kein leichter. Sein Ziel aber war das höchste: die prächtigen Gärten des Paradieses, wo klare Bäche flossen, unsterbliche Knaben Früchte und Fleisch reichten, zu einem Wein, der nicht betrunken machte; und all dies in Anwesenheit der großäugigen Paradiesfrauen, die so schön waren wie verborgene Perlen – der wohlverdiente Lohn für die Mühen der Gläubigen.[53]

Sein Koran spendete aber auch Trost, wenn Mohammed meinte, versagt zu haben. Denn viele der Araber befanden sich noch immer auf dem sicheren Weg ins Höllenfeuer. Er hatte sie nicht erreichen, nicht retten können. Ihr Unglaube war zäh und schien sie immun gegen die Schönheit des Korans und die Deutlichkeit seiner Lehre zu machen. Allah aber erklärte Mohammed: »Wen Gott rechtleiten will, dem weitet er die Brust für den Islam. Wen er aber irren lassen will, dem macht er die Brust eng und bedrückt.« (Q 6, 125) »Wenn du auch noch so sehr begehrst, dass sie rechtgeleitet werden – Gott leitet nicht recht, wen er irren lässt.« (Q 16, 37) Warum er den einen in die Irre führte, während er den anderen rechtleitete, blieb Gottes Geheimnis. Mohammed sollte einzig begreifen, dass auch er nichts gegen den Willen seines Herren erreichen konnte – daher aber auch keine Verantwortung für das Schicksal der Ungläubigen trug.

Etwa drei Jahre währte die Zeit des Banns. Ibn Ishaq erzählt, wie sich einige Stammesoberhäupter aus Mitleid mit ihren oft vielfach verschwägerten Familien absprachen, um gemeinsam das Ende des Banns einzufordern. Längst war ja die Urkunde von Insekten zerfressen und bis auf die Worte: »In deinem Namen, o unser Gott!« zu Staub zerfallen.[54] Ibn Ishaq nennt keinen triftigen Grund, warum mit einem Mal auf eine Fortsetzung des Banns verzichtet wurde. Sicherlich aber rechneten die Mekkaner damit, ihr Ziel bald schon auf ganz natürliche Weise zu erreichen.

GRAUSAME ERDE, GNÄDIGER HIMMEL

Ob Mohammed die überraschende Aufhebung des Banns als Sieg oder gutes Zeichen verstand? Vielleicht hoffte er, dass die schwere Zeit der Prüfungen überstanden war? War nicht sogar das Gerücht in Umlauf, dass sich ganz Mekka unter dem Glauben an den einen Gott wiedervereint hätte? Jedenfalls erreichte dieses Gerücht die Muslime im afrikanischen Exil und einige kehrten zurück.

Hatte sich die Lage in der Stadt wirklich verändert? Eine gewisse Entspannung im Streit zwischen Muslimen und Mekkanern hatte sich eingestellt. Die Muslime konnten sich unbehelligt durch die Straßen bewegen und Mohammeds tägliche Besuche der Kaaba blieben ungestört. Die Familien der Haschim zogen in ihre alten Häuser zurück und nahmen ihre Geschäfte wieder auf. War die Lösung des Konflikts tatsächlich zugunsten eines friedlichen Status quo aufgegeben worden? Oder warteten die Quraisch nur ab, um sich bald schon ihrem Hass und Ärger auf Mohammed und seine Anhänger wieder hinzugeben?

Im Haushalt Mohammeds fand die Phase der Sorglosigkeit mit Chadidschas Tod im Jahre 619 ein schmerzliches Ende. Er hatte seine engste Vertraute und »aufrichtige Stütze im Glauben«[55], wie Ibn Ishaq schreibt, verloren. So stark und heftig die Trauer um sie gewesen sein mag, Mohammed wurde nur wenig Zeit gelassen, ihrer zu gedenken. Kaum zwei Monate waren vergangen, als der Tod auch Abu Talib aus dem Leben riss. Die starke Hand, die Mohammed seit seinem Auftreten als Gesandter Gottes Schutz garantiert hatte, war gestorben. Wusste Mohammed, dass Chadidscha nun den Frieden des Paradieses genoss, so wusste er auch, dass sein Onkel, der es versäumt hatte, sich zum Islam zu bekennen, von nun an im Höllenfeuer schmoren würde – über seinen Verlust konnte nichts hinwegtrösten.

Gerade auf den Tod des alten Familienoberhaupts hatten die Feinde Mohammeds nur gewartet. Keine stammesrechtlichen Verpflichtungen hielten sie jetzt noch davon ab, ihre Verachtung und ihren Zorn ihm gegenüber offen zu zeigen. Wenn Mohammed sich nun auf dem Platz der Kaaba zum Gebet niederwarf, geschah es, dass ihm Staub über den Kopf gestreut oder die blutverschmierte Gebärmutter eines Schafes nach ihm geworfen wurde. Noch war er vor körperlicher Gewalt durch die Autorität seines Onkels Abu Lahab geschützt, der nach Abu Talib Oberhaupt der Haschim geworden war. Abu Lahab war jedoch selbst ein großer Feind des Islams und des Gottgesandten. So wurde für Mohammed die Lage in Mekka immer gefährlicher. Insgeheim suchte er längst nach einem Ausweg: ein nahes Exil, das ihm und den Muslimen Sicherheit bieten könnte.

In dieser Zeit, vielleicht als Trost und zur Ermutigung, wurde ihm die Geschichte des Auszugs der Hebräer aus Ägypten offenbart: »Wir sandten Mose mit unseren Zeichen zum Pharao und seinen Ratgebern. Und sie taten ihnen unrecht, indem sie sie höhnisch ablehnten. Aber sieh nur, wie das Ende dieser Verdorbenen war.« (Q 7, 103)[56] Der Gestalt Mose konnte Mohammed sich nahe fühlen. Dieser war zu seinem Volk, das unter der Tyrannei des Pharaos litt, zurückgekehrt, um es in die Freiheit zu führen. Auch Mohammed wollte seine Anhänger von der Unterdrückung durch die Götzendiener befreien. Der Hof des Negus, wo viele Muslime bereits Zuflucht gefunden hatten, lockte ihn aber nicht. Mose hatte sein Volk in ihr heiliges Land geführt, das sie sich, wie es das Alte Testament erzählt, mit dem Schwert unterwarfen. Auch Mohammed wollte die Muslime hinausführen, jedoch war der Mittelpunkt ihres heiligen Landes die Kaaba. Irgendwann, wenn seine Gemeinschaft stark genug sein würde, wollte er nach Mekka zurückkehren, um seine oberste Mission, die Bekehrung der Mekkaner und die Reinigung der Kaaba vom Schmutz der falschen Götzen, zu erfüllen. Vom afrikanischen Exil aus war ein solches Vorhaben nicht zu verwirklichen.

Mohammeds Blick fiel auf **at-Taif**, das nur einige Tagesreisen entfernt lag. Ohne Begleitung machte er sich auf die Reise durch die Berge, hinauf zu den Getreidefeldern und den begehrten Gärten, welche die Stadt umgaben. Vielleicht würde er bei dem dort ansässigen Stamm der **Thaqif** Unterstützung finden, hoffte er.[57] Waren die Thaqif doch immer schon Konkurrenten der Quraisch gewesen. Auch sie verfügten über ein Heiligtum, das jedoch im Schatten

der berühmten Kaaba nur wenige Pilger anlocken konnte. Möglicherweise würden sie sich mit Mohammed gegen
seine mekkanischen Widersacher verbünden.[58]

Es wird kein leichter Ritt für ihn gewesen sein. Denn
was er vorhatte, bedeutete Verrat am eigenen Stamm. Auch
seine Sippe, die Haschim, die ihm bislang ihren Schutz
gewährt hatte, würde sich von ihm abwenden. Dieser
Schritt würde den Bruch mit seiner heidnischen Herkunft
unwiderruflich besiegeln. Aber selbst sein Großvater Abd
al-Muttalib, dieser weise und verdienstvolle Mann, war im
Jenseits für die Hölle bestimmt. Auf dem von Gott gewie-
senen Weg durfte Mohammed keine Rücksicht mehr auf
die verwandtschaftlichen Bindungen nehmen, die zwischen ihm und den Götzendienern bestanden. Wie oft hatte er versucht, sie zum rechten Glauben zu bekehren! Wie
oft hatte er sie gewarnt, dass auf das Wort das Schwert folgen würde, falls sie nicht endlich die Wahrheit anerkennen sollten! Er hatte ihnen von den Plagen erzählt, die das
Land des Pharaos heimgesucht hatten; von der Sintflut, die
das Volk Noahs ertränkt hatte; vom Steinhagel und den
schrecklichen Stürmen, die Sodom und Gomorra zerstör-
ten. Auch das altarabische Volk der Ad und die legendäre
Stadt Iram waren von Erdbeben, Blitz und Donnerschlag
vernichtet worden. Er hatte mehr als deutlich gewarnt:
»Sie alle haben wir für ihre Schuld bezahlen lassen. Über
die einen schickten wir einen Sandsturm, über die anderen kam der Schrei; andere ließen wir in der Erde versinken oder im Meer ertrinken.« (Q 29, 40)

In den Offenbarungen hatte Mohammed auch von den biblischen Geschichten gehört. Der Koran war voll von Verweisen auf die früheren Propheten, aber auch auf altarabische Gesandte; kurz und knapp wurden ihm ihre Legenden nacherzählt. So hatte er gelernt, dass er nicht etwa der erste Gesandte Gottes war, sondern dass vor ihm schon eine lange Reihe von Auserwählten die Menschen vom rechten Glauben hatte überzeugen wollen. Zusammen mit Jesus und Mose stand er in einer Tradition, die bis auf Abraham zurückging, der als Erster die Wahrheit des einen Gottes erkannt hatte. Abraham war zugleich der Urvater der Araber, die sich genealogisch als Nachkommen seines Sohnes Ismael verstanden. Vater und Sohn hatten gemeinsam die Grundmauern der Kaaba zu Ehren Allahs errichtet, wie es in der zweiten Sure im Vers 127 geschrieben steht. Mohammed blieb also gar keine Wahl: Er musste Mekka erobern, um die Kaaba Abrahams von den Götzen zu befreien und um die Araber, deren edelster Stamm die Quraisch waren, zur Not mit dem Schwert auf den wahren Weg Gottes zu führen. Ihm allein war dieser Auftrag erteilt worden. Würde er scheitern, so würde Gott auch über Mekka ein vernichtendes Strafgericht abhalten. Steinschlag, Erdbeben und sintflutartiger Regen drohte jenen, die sich widersetzten.[59]

Die Last seiner Sendung mag Mohammed während der Reise durch die Berge mehr denn je bewusst geworden sein. Er war das »Siegel der Prophetie«[60], wie ihm durch Gabriel mitgeteilt worden war. Indem er seine Vorgänger in ihren Botschaften bestätigte, kam durch ihn die Prophetie zu ihrem Abschluss: Nach ihm würde Gott keinen weiteren entsenden. Er war der Letzte. Um sich Mut zu machen, sprach er die ihm teuren Verse: »Ich suche Schutz beim Herrn der Menschen, dem König der Menschen, dem Gott der Menschen, Schutz vor dem Unheil des heimtückischen Flüsterers, der die Herzen der Menschen beschleicht, sei er ein Mensch oder Dschinn.« (Q 114)

Als Mohammed in at-Taif angelangte, so der Bericht des Ibn Ishaq, suchte er die drei Brüder auf, die damals als die Vorsteher des Stammes der Thaqif bekannt waren. Er fand sie vor ihrem Haus, setzte sich zu ihnen und rief sie auf, sich zu Allah zu bekennen. Dann erklärte er ihnen, dass er gekommen sei, um ihre Hilfe zu erbitten. Sie sollten den Islam unterstützen und sich gemeinsam mit ihm gegen seine Feinde im eigenen Stamm erheben.

Die drei Brüder aber hatten bereits von jenem Quraischiten gehört, der meinte, zu Höherem bestimmt zu sein. Der Erste von ihnen antwortete: »Eher hätte Allah die Bedeckung der Kaaba heruntergerissen, als dass er dich entsandt hätte!« Der zweite Bruder erwiderte: »Wenn Allah wirklich einen Gesandten gesucht hätte, so hätte er nicht dich gewählt!« Der dritte Bruder schwor: »Bei Allah! Ich werde nicht mit dir sprechen! Wärst du wahrhaftig sein Gesandter, wie du behauptest, dann wärst du zu gewaltig, als dass ich riskieren könnte, das Wort an dich zu richten.

Und solltest du Lügen über Allah verbreiten, dann wäre es unter meiner Würde, zu dir zu sprechen.« Mohammed erhob sich. Nun wusste er, dass auch von den Thaqif nichts Gutes zu erwarten war. Bevor er aber ging, bat er sie, was auch immer sie taten, über seinen Besuch Stillschweigen zu bewahren. Er wollte nicht, dass sein Stamm davon erfuhr. Denn dies hätte die Quraisch endgültig gegen ihn aufgebracht.

Die Brüder aber dachten nicht daran, ihn ruhig ziehen zu lassen. Sie hetzten ihre Diener gegen ihn auf, die ihn verfolgten und lauthals beschimpften. Auf ihr Geschrei hin strömten immer mehr Leute herbei, bis der gesamte Pöbel at-Taifs ihn zur Stadt hinausjagte. Zuletzt sah Mohammed sich gezwungen, in einen der Obstgärten zu flüchten. Da ließen sie ab von ihm und die Meute zerstreute sich.

Im Schatten eines Rebstocks sank Mohammed zu Boden. Haltlose Verzweiflung schien sich seiner zu bemächtigen: »O Allah, was bin ich schwach! Was soll ich noch tun? Die Leute verachten mich. Du bist der Herr der Hilflosen! Du bist mein Herr! Gnädiger! Zu wem hast du mich geschickt? Zu einem Fernen, dessen hasserfüllter Blick mich verfolgt? Zu einem Feind, der Macht über mich hat?«

Während Mohammed so selbstvergessen Allah sein Leid klagte, hatten ihn die Besitzer des Gartens, die im dunklen Schatten einer Mauer mit ihrem Diener saßen, beobachtet. Sie kannten ihn aus Mekka und wussten vom Tod seines Onkels Abu Talib. Als sie sahen, wie er so betrübt auf der Erde kauerte, empfanden sie Mitleid. Sie riefen ihren Diener, einen Christen namens Addas, und befahlen ihm: »Pflücke einen Teller voll Trauben und bringe sie jenem Mann!«

Addas tat, wie ihm geheißen. Als er Mohammed den Teller vor die Füße schob, schrak dieser zusammen und hob den Kopf. »Iss!«, sagte Addas.

Mohammed streckte die Hand aus, sprach: »*Bismillah* – im Namen Gottes!«, pflückte eine Traube und aß.

Addas wunderte sich und sah ihm forschend ins Gesicht. Er sagte: »Noch nie habe ich die Bewohner dieses Landes diese Worte sprechen hören!«

Mohammed blickte auf und fragte seinerseits: »Und woher kommst du?«

»Ich bin ein Christ aus Ninive«, antwortete Addas.

»Die Stadt des frommen Jonas, Sohn des Matta«, ergänzte Mohammed.

»Woher weißt du von Jonas, dem Sohn des Matta?«, fragte Addas.

»Er ist mein Bruder!«, gab ihm Mohammed zur Antwort. »Er war ein Prophet und ich bin ein Prophet.«

Da bückte sich Addas und küsste Mohammed die Stirn; er ließ sich auf die Knie fallen, griff seine Hände, küsste sie, zuletzt verbeugte er sich tief und küsste ihm die Füße.

Mohammed schloss die Augen, er flüsterte: »Wenn du mir nur nicht zürnst, so werde ich ausharren. Wahrlich, es gibt keine Kraft, außer bei dir!«[61]

Mohammeds Reise nach at-Taif hatte ihm kein Glück gebracht. Die Thaqif dachten nicht daran, sich mit ihm zu verbünden. Das Gegenteil war der Fall: Sie sorgten noch dafür, dass bald ganz Mekka von dem abtrünnigen Quraischiten wusste, der versucht hatte, gegen seine Heimatstadt zu paktieren. Selbst unter den Söhnen Abdalmuttalibs würde sich keiner mehr für diesen eigensinnigen Abenteurer einsetzen.

Als er des Abends zurück nach Mekka ritt, ahnte Mohammed bereits, dass er schlussendlich ein schutzloser Außenseiter geworden war. Auf halber Strecke machte er halt an einem Rastplatz, breitete eine Decke in der Nähe des Brunnens aus und überlegte, wen er in dieser schweren Stunde um Hilfe bitten könnte. Endlich überkam ihn die Erschöpfung der letzten Tage. Seine Augenlider wurden schwer. Er schlief ein.

Noch war es finstere Nacht, als ihn das Schnauben eines Pferdes weckte. Mohammed erkannte die Umrisse eines einzelnen Reiters, der Wasser schöpfte. Er grüßte ihn und fragte, wohin er unterwegs sei. Mekka, war die Antwort. Nun brachte Mohammed seine Bitte vor: Ob er nicht eine Botschaft von ihm an drei Männer überbringen könnte. Der Reiter willigte ein.

Die Botschaft war ein Gesuch um Schutz bei drei seiner ferneren Verwandten. Vielleicht würde sich wenigstens einer erbarmen.

Während Mohammed auf die Antwort wartete, und die Sterne allmählich in der Morgendämmerung verblassten, sprach er im Gebet einige der offenbarten Verse. Zuerst murmelte er nur, dann aber sprach er sehr deutlich und immer lauter. Er spürte, dass er nicht alleine war. Unsichtbare Zuhörer hatten sich zu ihm gesellt. Aber Mohammed fürchtete sich nicht, er wusste ja, dass er auch zu den Geistwesen dieser Welt entsandt war. Sieben Dschinn aus dem Stamm der Nasibin lauschten gebannt seinen Worten. Kaum hatte er sein Gebet beendet, sprachen sie zueinander: »Wir haben einen erstaunlichen Koran gehört, der uns zum Rechten leitet; und wir glauben an ihn«[62], wie Mohammed kurz darauf offenbart wurde.[63]

Am späten Vormittag kehrte der Reiter zurück und erklärte Mohammed, wie die Männer auf seine Nachricht reagiert hatten. Zwei der Verwandten lehnten es ab, ihn zu unterstützen; die Stammesordnung und alte Feindseligkeiten zwischen den Sippen erlaubten es ihnen nicht. Mutim aber, das Oberhaupt der Naufal, der sich auch für die Aufhebung des Banns eingesetzt hatte, ließ ausrichten, dass Mohammed nach Mekka kommen könne. In voller Rüstung empfingen er, seine Söhne und Neffen Mohammed vor der Stadt und führten ihn zum Platz der Kaaba, sodass alle sahen, dass die Naufal Mohammed Schutz gewährten.

Ein Hoffnungsschimmer

Die Uneinigkeit der mekkanischen Sippen in ihrem Umgang mit ihrem Stammesbruder, der als Gesandter Gottes Ärger und Aufsehen erregte, verschaffte Mohammed Zeit, sich zu sammeln und aufs Neue Verbündete zu suchen. Während die meisten ihn vertreiben und manche ihn schlicht umbringen wollten, fand sich immer noch ein Letzter, der bereit war, ihm Sicherheit zu garantieren. Trotzdem waren Mohammed in Mekka die Hände gebunden. Lief er durch die Straßen, wurde er misstrauisch beäugt. Nur die wenigen Muslime grüßten ihn leise und unauffällig: *as-Salamu alaykum!* Jeder kannte ihn bereits und hatte eine feste Meinung. Doch die Lage änderte sich im Monat der großen Wallfahrt. Rund um Mekka versammelten sich die Bewohner der Wüste und schlugen ihre Zelte auf. Es war eine höchst spirituelle Zeit; die Menschen öffneten sich dem Verborgenen, gedachten der Götter. Niemand konnte Mohammed verbieten, der Pilgerschar zu predigen. Er wanderte zwischen den Zelten umher, erklärte seine Sendung, rezitierte Verse aus dem Koran, sprach vom einen Gott und fluchte auf die *Muschrikun*, jene, die andere Götter neben Allah, dem Einzigen, verehrten. Er diskutierte mit den arabischen Gottsuchern, die wie Mohammed den Götzenkult ablehnten, sich aber auch nicht den Christen oder Juden anschließen wollten, sondern von einem arabischen Monotheismus träumten. Sie sprachen von ihrem Urvater Abraham, dem sie sich in ihrem Glauben verbunden fühlten. Immer wieder traf Mohammed auch auf Menschen, die bereits von ihm gehört hatten und darauf brannten, ihn kennenzulernen.

Während der Wallfahrtszeit im Jahr 620 suchten sechs Männer vom Stamm der Chazradsch ihn auf. Sie kamen aus **Yathrib**, einer weitläufigen, nördlichen Oase, auf deren Gebiet auch einige jüdische Stämme beheimatet waren. Als das Gerücht sie erreicht hatte, dass in Mekka ein Mann behauptete, der Gesandte Gottes zu sein, hatten sie sich an die Worte ihrer jüdischen Nachbarn erinnert. Diese hatten oft das Erscheinen eines Propheten beschworen, der das Schwert gegen den Unglauben erheben würde. Die sechs Männer hatten daher beschlossen, jenen Auserwählten zu treffen und ihn anzuhören.

Sie fanden Mohammed am Aqaba, nur ein kurzes Wegstück vor Mekka. Nach einem langen Tag im Lager der Pilger war er erschöpft und ernüchtert – wieder hatte er niemanden von seiner wahren Lehre überzeugen können. Er überlegte, ob er die Nacht in der Höhle am Berge Hira, im Haus Chadidschas oder bei einigen seiner Anhänger verbringen sollte, als die Gruppe aus Yathrib auf ihn zutrat.

»Wer seid ihr?«, rief er, nicht ohne Misstrauen.

Sie erklärten, wer sie waren und woher sie kamen, und Mohammed horchte auf.

»Seid ihr etwa Freunde der Juden?«, fragte er, was sie bejahten. »Warum setzen wir uns nicht und unterhalten uns?«, schlug er daraufhin vor. Er ahnte, dass diese Männer nur mit einer bestimmten Absicht zu ihm gekommen sein konnten. Ohne weitere Umschweife rief er sie zum Glauben an Allah auf, berichtete vom Islam und rezitierte aus dem Koran. An ihren nachdenklichen, aufmerksamen Gesichtern erkannte Mohammed, dass sie das, was er sagte, mit dem verglichen, was sie gehört hatten. Als er fertig war, schwiegen sie, rieben sich die Wangen, strichen über ihre Bärte, zuletzt blickten sie einander fragend an und kamen, ohne ein Wort zu wechseln, zu einer Übereinkunft.

Der Älteste von ihnen ergriff das Wort: »Du bist der Prophet, den die Juden angekündigt haben. Aber sie sollen nicht die Ersten sein, die sich dir anschließen!« Dann bekannten sie sich zu Allah und seinem Gesandten, der lächelnd vor ihnen saß.

Mohammed erklärte ihnen, was ihre täglichen Pflichten als Muslime sein würden, und auch damit waren sie einverstanden. Zuletzt erzählten sie ihm, wie es um Yathrib stand: »Die Stämme der Oase sind wie kein Volk untereinander zerstritten und verfeindet. Gern würden wir sie für immer verlassen. Aber vielleicht könnte Gott sie durch dich vereinen. Wir werden zurückkehren und sie aufrufen, sich zu dir und deiner Sache zu bekennen. Und sollte Allah sie unter deiner Religion vereinen, dann wird dich niemand an Macht und Größe übertreffen.«[64]

Was die Männer aus Yathrib da vorschlugen, überstieg alle Hoffnungen und Wünsche Mohammeds. Sie hatten das

Bild einer islamischen Gemeinschaft entworfen, die sich über alle Stammesordnungen erheben würde. Sie sprachen von einem Volk, dessen Angehörige nichts als Muslime zu sein hätten. Und er, Mohammed, der Gesandte Gottes, würde ihr Anführer sein. Die Idee der islamischen **Umma** war in die Welt gesetzt. Im Koran war bereits von den Umam[65] die Rede gewesen, jenen Gemeinschaften, die sich unter der Führung eines Propheten gebildet hatten. Nun stand in Aussicht, dass auch unter der Führung Mohammeds eine solche Umma entstehen könnte. Vor allem für diese religiöse Bedeutung ist der Begriff bis heute in nicht-arabischen Ländern bekannt. Dass er aber auch auf politische Gemeinschaften Verwendung findet, zeigt sich in der arabischen Übersetzung der Vereinten Nationen: *al-Umam al-muttahida.*

Die sechs Männer und Mohammed beschlossen, sich im nächsten Jahr an ebendiesem Ort wiederzutreffen, damit sie ihm berichten könnten, was sie in Yathrib hatten erreichen können. Dann verabschiedeten sie sich und Mohammed blieb allein zurück. Sein Kopf rauschte angesichts der vielen Möglichkeiten, die die Vision einer neuen Umma versprach. Vorbei wäre dann seine Abhängigkeit vom Schutz einer einflussreichen Familie. Von nun an wäre er es, der Schutz gewährt. Endlich würden die Schwachen stark sein, die Armen und Waisen geachtet. Nie wieder würde sich ein Muslim vor seinen Feinden verstecken müssen. Nie wieder würde er es dulden, dass man ihn und seine Religion verleugnete. Voller Zuversicht lief Mohammed in Richtung Mekka. Eines Tages würden auch die stolzen Quraisch ihre Köpfe vor Allah auf die Erde drücken, davon war er nun mehr denn je überzeugt.

Eine Wende seines Glücks schien sich anzubahnen. Gleichzeitig zeigte sich hier aber sehr deutlich, dass die Männer aus Yathrib nicht mehr spontan auf wundersame Weise zum Glauben an Mohammed gefunden hatten. Einerseits hatten ihnen die Juden Angst eingejagt, dass ein neuer Prophet zum Krieg gegen alle Götzendiener aufrufen könnte, weshalb sie sich entschieden hatten, lieber sofort auf dessen Seite zu wechseln. Andererseits erhofften sie sich verschiedene Vorteile von ihrem Bekenntnis. Unter dem Banner des Islams sollte eine einige, starke Gemeinschaft entstehen, sodass die blutigen Fehden, die das Leben der Oase störten, ein für alle Mal ein Ende finden könnten. Nicht das reine Erkennen der Wahrheit, die Mohammed offenbart wurde, veranlasste die Männer Yathribs, auf den Gottgesandten zuzugehen, sondern durchaus weltliche, diesseitige Sorgen.

Für Mohammed aber war die Hilfe, die ihm so unerwartet angeboten worden war, ein Geschenk Gottes. Die Ziele der sechs Männer vom Stamm der Chazradsch überschnitten sich vortrefflich mit seinen eigenen. Yathrib würde seine Stadt werden: die erleuchtete Stadt des Gottgesandten – heute bekannt als **al-Medina al-Munauwwara**. Von dort aus würde er eines Tages ausrücken und den mekkanischen Widerstand gegen den Islam niederwer-

fen. Als wäre es bereits so weit, lief er mit weiten, sieges-
gewissen Schritten durch die abendlichen Straßen. Er hatte sich entschieden, das Haus Abu Talibs aufzusuchen,
dessen Witwe Muslima geworden war und ihn gern und
jederzeit willkommen hieß.

Die sieben Himmel

Was Mohammed in der folgenden Nacht erlebte, ist so unglaublich, dass seine Cousine, der er es am Morgen berichtete, ihn anflehte, nicht hinauszugehen und es den Leuten zu erzählen. Sie würden ihn einen Lügner nennen und ihn verspotten, warnte sie.[66]

Im Koran erfahren wir andeutungsweise, was geschehen war: »Gepriesen sei der, der mit seinem Diener bei Nacht von der heiligen Kultstätte nach der fernen Kultstätte, deren Umgebung wir gesegnet haben, reiste, um ihm etwas von unseren Zeichen zu zeigen! Er ist der, der alles hört und alles sieht.« (Q 17, 1) Was Mohammed selbst von seiner nächtlichen Reise zum fernen Ort erzählte, sollte in den kommenden Jahrhunderten die Vorstellungskraft der Muslime beflügeln. Das über die großen Sammlungen verstreute Material wurde von Geschichtenerzählern aufgegriffen und zu durchkomponierten Legenden, mit Anfang und Ende, verschmolzen – die ausgestalteten und ausgeschmückten Berichte Mohammeds über seine *Miraj*, seine Himmelsreise. Diese Werke sind ein Zeugnis des islamischen Volksglaubens, der sich nicht mit abstrakten Überlegungen über das göttliche Wesen oder die Himmelssphären begnügt.[67] Ein Eindruck des Bilderreichtums dieser Traditionslinie des Islams soll im Folgenden durch einige Auszüge aus einem *Miraj*-Bericht gegeben werden, der auf einen anonymen Autor des dreizehnten Jahrhunderts zurückgeht.

Kein anderer als Mohammed selbst ist der Erzähler des fantastischen Reiseberichts: »Ich, Mohammed, Sohn des Abdallah, lag wach im Haus der Witwe Abu Talibs, in tiefen Gedanken an das Gesetz Gottes. Als ich aber einzuschlafen begann, kam plötzlich der Engel Gabriel zu mir und zeigte sich in folgender Gestalt: Sein Antlitz war weißer als Milch oder Schnee, seine Haare waren rotleuchtender als eine tiefrote Koralle. Er hatte sehr breite Augenbrauen, einen wunderschönen, wohlgeformten Mund und weiße, sehr glänzende Zähne. Er war angetan mit weißleuchtenden Gewändern jeglicher Art, die aufs Reichste mit Perlen und Edelsteinen gearbeitet waren. Seine Hände waren rot wie Feuer und seine Flügel und Füße grüner und leuchtender als jeder Smaragd.«[68]

Gabriel forderte Mohammed auf, sich anzukleiden und ihm zu folgen. Vor dem Haus wartete die prächtige Stute **Buraq**, die sich zuerst weigerte, ihn aufsitzen zu lassen. Als sie aber erfuhr, wer dieser Reiter war, durfte Mohammed sich auf ihren Rücken schwingen. Mit atemberaubender Geschwindigkeit ging es geradewegs zum Tempelberg in Jerusalem, der fernen Kultstätte.[69]

»Nachdem ich, Mohammed, auf dem Berg angekommen war und Gabriel mit mir, fand ich dort alle Propheten vor, die Gott aus ihren Gräbern heraustreten und dorthin hatte kommen lassen, um mir eine Ehre zu erweisen. Alle standen sie da im Kreis und erwarteten mich in auf-

rechter Haltung. Als sie mich erblickten, begannen sie zu
beten. Da sagte Gabriel: ›Tritt vor mich, Mohammed, und
bete vor den anderen, denn du bist der König aller Propheten und der Herr aller Völker.‹«[70]

Nachdem die Propheten ihn begrüßt und ihm ihre
Segenswünsche zugesprochen hatten, führte Gabriel
Mohammed zu einer Leiter, die von der Erde bis zum ersten Himmel reichte. Nun begann sein Aufstieg in die jenseitige Welt.

»Im Weitergehen erblickte ich, Mohammed, einen so
großen Engel, dass sein Kopf den Himmel berührte und
seine Füße den Abgrund. Er hatte sehr lange Haare, und
auf seinen Schultern hatte er Flügel in allen Farben, die
schöner waren als irgendetwas, was je ein Mensch erblickte. Dieser Engel hatte die Gestalt eines Hahns. Gott hatte
ihm die Stunden genannt, an denen die Gebete verrich-
tet werden. Als es Zeit zum Gebet war, erklang vom Himmel eine Stimme, die sagte: ›Du, Geschöpf, das du Gott
gehorchst, ich befehle dir, Gott zu loben!‹ Da sagte der
Engel mit lauter Stimme: ›Gelobt sei Gott, heiligster König
der Engel und der Seelen aller Geschöpfe.‹ Als sie dies hörten, sangen alle Hähne der Erde: ›Menschen, die ihr Gott
gehorcht, erhebt euch und lobet ihn, da er Macht hat über
alle Dinge; denn er hat sie gemacht und geschaffen.‹

Danach ging ich weiter und erblickte einen anderen
Engel, dessen eine Hälfte Feuer und dessen andere Hälf-
te Schnee war. Er war so beschaffen, dass das Feuer den
Schnee nicht zum Schmelzen brachte und der Schnee das

Feuer nicht zum Verlöschen. Der Engel lobte Gott und sagte: ›Gelobt seist du, Gott, der du auf diese Weise Feuer und Schnee miteinander verbunden hast. Und so wie du diese beiden verbunden hast, bitte ich dich, die Herzen der Völker, die dir gehorchen, miteinander zu verbinden.‹«[71]

Mohammed begegnete auf seiner Reise noch vielen verschiedenen Engeln, dem Wächter der Hölle, dem Engel des Todes, den Wächtern der Tore des Himmels. Immer wieder wurde Gabriel gefragt, wer denn sein Begleiter sei. Sobald die Wächter erfuhren, dass es Mohammed, der Gesandte Gottes, war, priesen sie ihn und öffneten die Tore.

»Als wir in den ersten Himmel eintraten, grüßten mich alle Engel, die dort waren, und überbrachten mir sehr gute Botschaft. Ich sah, dass sie die Gesichter von Menschen und die Körper von Kühen hatten. Und Flügel hatten sie wie Adler. Ihre Zahl betrug siebzigtausend. Jeder von ihnen hatte siebzigtausend Köpfe und jeder Kopf trug siebzigtausend Hörner und jedes Horn hatte siebzigtausend Knoten. Zwischen einem Knoten und dem nächsten war so viel Raum, wie ein Mensch in vierzig Jahren zurücklegen kann. Und ich sah noch mehr an diesen Engeln, nämlich dass jeder der Köpfe siebzigtausend Gesichter hatte, und jedes Gesicht hatte siebzigtausend Münder und jeder Mund hatte siebzigtausend Zungen. Und jede dieser Zungen konnte siebzigtausend Sprachen und lobte Gott siebzigtausendmal am Tag.«[72]

So durchquerte Mohammed einen Himmel nach dem

nächsten und traf in jedem einige der früheren Propheten wieder: Jesus und Johannes den Täufer, Joseph, den Sohn Jakobs, Aaron, Mose, Adam und Abraham. Zuletzt erreichten sie jene Himmelsregion, in der Gottes Thron steht. Dort ließ Gabriel Mohammed allein.

»Als ich, Mohammed, mich von Gabriel so allein gelassen sah, fasste ich Mut und Kühnheit eingedenk der Liebe Gottes und durchschritt zahllose Trennwände von Schleiern, die aus rotem und grünem Samt, aus Rubinen und Smaragden, aus Schnee, Hagel und Nebel, aus Dunkelheit und Feuer gewoben waren. Zuletzt stand ich vor einem Vorhang, der einzig aus dem Licht des Ruhmes Gottes bestand. Da hörte ich eine Stimme, die zu mir sagte: ›Komm näher, mein Freund Mohammed!‹ Ich schritt voran und hörte die Stimme ein zweites Mal: ›Wisse, Mohammed, dass ich dich höher achte als alle anderen Gesandten und dass du höher stehst als alle anderen Geschöpfe, die ich geschaffen habe, seien sie nun Engel, Menschen oder Geister.‹

Nachdem ich vernommen hatte, was Gott mir kundtat, trat ich so weit vor, dass zwischen ihm und mir nicht mehr Raum war als der doppelte Raum, der durch einen Pfeilwurf überwunden wird. Daraufhin grüßte ich Gott, und er grüßte mich und fragte, wie es meinem Volk gehe. Ich antwortete, dass es ihm in Gehorsam sehr ergeben sei. Und er sagte: ›Mohammed, ich befehle dir, dass du dein Volk dazu veranlasst, jeden Tag fünfzig Gebete zu verrichten.‹

Nach diesen Worten verabschiedete ich mich von ihm

und ging den Weg zurück, bis ich auf Gabriel traf. Während wir weiter durch den Himmel wandelten und die wunderbare Wohnstatt Gottes betrachteten, erblickte ich dessen Thron, der – so schien es mir – derart mit dem Himmel verbunden war, dass der Eindruck entstand, sowohl Himmel als auch Thron selbst seien zusammen geschaffen worden; er vereinte die vier Elemente, Feuer, Luft, Wasser und Erde, sowie beide Welten, die irdische und die jenseitige, und auch das Paradies und die Hölle. Dies alles hatte Gott im Throne geschaffen, der mehr leuchtete als irgendetwas Leuchtendes, das je eines Menschen Auge erblickte.«[73]

Wie es dazu kam, dass die Muslime heute nur fünf Mal am Tage ihr Gebet verrichten, erzählt Mohammed in Ibn Ishaqs dichtem, an Worten sparsamerem Bericht folgendermaßen:

»Auf dem Rückweg kam ich an Mose vorbei – was für ein guter Freund war er euch! Er fragte mich, wie viele Gebete mir aufgetragen wurden. Ich sagte: ›Fünfzig tägliche Gebete‹, und Mose antwortete: ›Das ist viel. Und deine Umma ist schwach. Geh zurück und bitte ihn, es dir und deiner Umma leichter zu machen!‹ Also kehrte ich um und bat meinen Herren um Nachsicht. Er erließ mir zehn. Wieder kam ich an Mose vorbei. Als er hörte, wie viel mir erlassen worden war, sagte er dasselbe noch einmal. Ich kehrte um und bat meinen Herren um Nachsicht. Er erließ mir zehn weitere. Aber als ich auf Mose traf, riet er mir wieder dasselbe. Zuletzt hatte Gott mir alle Gebete bis auf fünf an jedem Tag erlassen. Doch immer noch riet mir Mose, umzukehren. Diesmal aber antwortete ich: ›Ich bin so oft zu meinem Herren zurückgekehrt und habe ihn um Nachsicht gebeten, dass ich mich schäme. Ich werde nicht noch einmal gehen.‹«[74]

Als Mohammed am Morgen von der nächtlichen Reise durch die jenseitige Welt zurückgekehrt war, erzählte er seiner Cousine von seinen ungeheuerlichen Erlebnissen: von der endlosen Leiter, den riesigen Engelsgestalten, von den Feuern der Hölle und den Gärten des Paradieses, in die er einen Blick geworfen hatte. Er sprach die Worte nach, die Gott an ihn gerichtet hatte, beschrieb ihr das schöne Gesicht Jakobs und die Gestalt Abrahams, der ihm so überaus ähnlich gesehen hatte. Entgegen ihren Bitten und Warnungen begab er sich zur Kaaba, um auch den übrigen Mekkanern von seiner Himmelfahrt zu erzählen. Sie schimpften ihn einen Lügner und Angeber, einen Verrückten oder Besessenen, aber Mohammed machte sich nichts daraus. Als Abu Bakr zu ihm kam und ihn verwundert fragte, ob es wirklich wahr sei, dass er behaupte, in der vergangenen Nacht in Jerusalem gebetet zu haben, freute sich Mohammed und erzählte ihm noch einmal alles von Anfang an. Den ganzen Tag über erzählte er jedem, der es hören wollte, von seiner Reise. Allein über die sechs Männer, die ihm am Abend zuvor ihre Treue zugesichert hatten, verlor er kein Wort.

138

Die Hidschra

In den folgenden beiden Jahren führte Mohammed ein zurückgezogenes, stilles Leben in Mekka. Er betete zu Hause oder im Haus von Abu Bakr und ließ sich nur noch selten auf dem Platz der Kaaba blicken. Kontakt hielt er einzig zu den wenigen Muslimen, die über Mekka verstreut ein ähnlich unauffälliges Leben führten. In dieser Zeit heiratete er zwei Frauen, die unterschiedlicher kaum sein konnten: **Aischa**, die sechs Jahre alte Tochter seines Freundes Abu Bakr, und Sauda, die Witwe eines frühen Muslims, der kurz nach seiner Rückkehr aus dem afrikanischen Exil gestorben war. Ohne dass Aischa davon erfuhr, schlossen Mohammed und ihr Vater den Heiratsvertrag. Sie lebte dann weiterhin im Haushalt ihrer Eltern und ahnte allein durch gewisse Veränderungen von ihrem neuen Status. So durfte sie nun nicht mehr auf der Straße spielen, sondern musste ihre Freundinnen nach Hause einladen. Vorerst war diese Ehe nicht viel mehr als eine Bekräftigung und Bestätigung der engen Freundschaft der beiden Männer. Sauda aber – muslimische Witwe im Alter von dreißig Jahren und das im heidnischen Mekka – fand ein sicheres Zuhause im Haushalt Mohammeds.

Der Rückzug aus der Öffentlichkeit hinter die verschlossenen Türen der eigenen Wohnräume war kein endgülti-

ger. Mohammed wusste, dass es einige Zeit dauern würde, bis seine Helfer aus Yathrib den Islam unter die Leute
bringen würden. Er blieb geduldig und erholte sich von
den anstrengenden Jahren. Innerlich bereitete er sich aber
auf die neuen Herausforderungen vor, die sich ihm in
Medina stellen würden.

Als die Männer der Oase ein Jahr nach ihrer ersten
Begegnung ihn erneut aufsuchten, waren es schon zwölf,
die ihm in Aqaba die Treue schworen. Zum Abschied
schickte ihnen Mohammed einen erfahrenen Muslim mit
auf den Weg, der sie den Koran lehren sollte. In Andeutun-
gen begann Mohammed nun, auch seine mekkanischen
Anhänger darin einzuweihen, dass er eine Auswanderung
plane. »Mir wurde der Ort gezeigt, an den ihr ziehen werdet: Ich sah ein wasserreiches Land, reich an Dattelpal-
men, zwischen zwei großen Feldern von schwarzen Steinen«[75] – wer bereits in Yathrib gewesen war, der kannte
die beiden von schwarzem Lavageröll übersäten Hügel,
zwischen denen sich die Oase erstreckte.

Ein letztes Treffen in Aqaba während der Wallfahrtszeit
im Jahre 622 besiegelte den Bund der medinensischen Helfer mit Mohammed, dem Gesandten Gottes. »Leise wie die
Flughühner« hatten sich zweiundsiebzig Männer und zwei
Frauen in tiefer Nacht aus dem Lager der Pilger geschli-
chen, berichtet Ibn Ishaq.[76] Am vertrauten Treffpunkt trafen sie Mohammed, der nur in Begleitung seines Onkels
Al-Abbas gekommen war. »O ihr Leute aus Yathrib«,
sprach Al-Abbas, der sich noch der Tradition seiner Väter

verpflichtet fühlte und bislang kein Muslim geworden war, »ihr wisst, dass Mohammed einer von uns ist. Wir haben ihn vor jenen aus unserem Stamm beschützt, die über ihn genauso denken wie wir, ihm jedoch zu schaden trachten. Er lebt in Ansehen bei seiner Sippe und in Sicherheit in seinem Land. Nun will er sich unbedingt euch anschließen. Wenn ihr denkt, ihr werdet ihm gegenüber eure Versprechen einhalten und ihn vor seinen Gegnern schützen, dann übernehmt, was ihr euch aufgeladen habt. Wenn ihr aber glaubt, ihr werdet ihn, nachdem er zu euch gezogen ist, verraten und verlassen, so gebt ihn besser sofort auf! Denn hier bei seinem Stamm in Mekka lebt er in Ansehen und Sicherheit.«[77]

Al-Abbas trat als Fürsprecher Mohammeds und unabhängiger mekkanischer Zeuge für die Übereinkunft zwischen ihm und den medinensischen Helfern auf. Was er aber über Mohammeds Situation in Mekka sagte, überrascht. Seinen Worten nach hatte Mohammed kein Leid zu fürchten, wurde respektiert und lebte im sicheren Schoß der Familie. Nichts außer dem eigenen freien Willen drängte ihn, seine Heimat zu verlassen. Er sei kein Flüchtling, den die eigene Sippe nicht länger schützen konnte. Kein Vertriebener.

Al-Abbas' Rede diente dem Schutz der Ehre seines Stammes. Niemand sollte denken, dass die eigenen Verwandten Mohammed im Stich gelassen hatten oder nicht länger in der Lage waren, ihm Sicherheit zu garantieren. Andererseits sollte auch keiner der Medinenser meinen, jemandem Zuflucht zu gewähren, der allein und isoliert, ohne Schutz und Ansehen um Hilfe bettelte. Mohammed war und blieb ein Quraisch.

Nachdem al-Abbas gesprochen hatte und ihm keiner der Medinenser widersprach, ergriff Mohammed das Wort. Er rezitierte aus dem Koran und rief zum Glauben an Gott und den Islam auf. Zuletzt sprach er: »Ich werde euren Treueeid annehmen, doch ihr müsst mich schützen, wie ihr eure Frauen und Kinder schützt.«

Bara, einer der Anführer der medinensischen Pilgerschar, legte ihm die Hand auf die Schulter und sprach: »Ja, bei dem, der dich mit der Wahrheit entsandt hat, wir werden dich beschützen, wie wir sonst nur unsere Frauen beschützen, und wir werden dir folgen, o Gesandter Gottes. Wahrlich, wir sind Söhne des Krieges! Unsere Waffen wurden uns von unseren Vätern vererbt!«

Als sie sich dann bereit machten, dem Gesandten Gottes zu huldigen, trat einer hervor und sprach zu seinen Leuten: »Seid ihr euch auch bewusst, was es heißt, diesem Mann zu folgen? Ihr folgt ihm in den Krieg gegen jedes Volk, das ihm feind ist! Werdet ihr ihm noch folgen, wenn euer Besitz verloren ist und eure Edlen gefallen sind? Versprecht nicht, was ihr nicht zu halten bereit seid, sonst ist euch die Schande im Diesseits und Jenseits gewiss. Seid ihr aber standhaft und haltet ihm die Treue, auch wenn euch alles genommen wird, dann wird es euch wohl ergehen, im Diesseits wie im Jenseits.«

»Wir sind bereit!«, antworteten sie und riefen zu

Mohammed: »O Gesandter Gottes, was erhalten wir, wenn wir dir all das erfüllen?«

»Das Paradies!«, antwortete Mohammed mit lauter und sicherer Stimme, worauf sie riefen: »So strecke deine Hand aus, auf dass wir den Eid besiegeln!«[78]

In den kommenden Monaten vollzog sich die endgültige Auswanderung der mekkanischen Muslime. In kleinen Gruppen verließen sie die Stadt und zogen auf versteckten Wegen nach Medina. Söhne und Töchter verließen ihre Eltern; Männer ihre Frauen und Kinder. Manche Häuser blieben gänzlich verlassen zurück. Es war keine fröhliche Zeit. Die Muslime nahmen Abschied von ihrer Geburtsstadt, um in eine ungewisse Zukunft unter den Stämmen der Oase aufzubrechen.

Aber auch die Mekkaner, die doch bald schon von Mohammed befreit sein würden, schien keine rechte Freude zu erfüllen. Neue Sorgen waren erwacht: Was würde Mohammed nun tun? Hatten sich ihm nicht die kämpferischen Stämme Yathribs angeschlossen? Würde er ihre Stadt je in Frieden lassen? Die Mitglieder der großen Ratsversammlung ahnten, dass Mohammed nicht eher ruhen würde, bis nicht auch der Letzte von ihnen sich ihm und dem Willen seines Gottes unterworfen hätte.

Vielleicht aber war es noch nicht zu spät. Während sich täglich weitere Anhänger Mohammeds aus der Stadt schlichen, blieb der Gesandte allein zurück. Von seinen nächsten Gefährten waren allein noch Abu Bakr und Ali in Mekka. Die Quraisch wussten, dass ihre Chancen, ihn schnell und einfach aus der Welt zu schaffen, nie wieder besser stehen würden. Abu Dschahl war es dann, der eines Abends den entscheidenden Vorschlag unterbreitete: »Lasst uns aus jeder Sippe einen jungen Mann erwählen und ihn mit einem scharfen Schwert ausrüsten. Sie sollen ihm auflauern und ihn gemeinsam, jeder mit einem kräftigen Hieb töten. Dann hätten wir Ruhe. Jede Sippe wäre an seinem Mord beteiligt, die Schuld auf den gesamten Stamm verteilt. Seine Sippe könnte nichts tun, außer von uns allen ein Blutgeld einzufordern. Wir würden es zahlen und nie wieder ein Wort über Mohammed verlieren.«[79]

Auf verborgenem Wege wurde Mohammed vor der drohenden Gefahr gewarnt: Nun war es Zeit zur Flucht. Im Hof Abu Bakrs standen seit Tagen schon zwei Reitkamele bereit, gesattelt und ausgerüstet für den langen Ritt. Während sich die Mörder vor seinem Haus versammelten, schlich sich Mohammed im Schutz der tiefschwarzen Nacht davon – noch war kein Mond aufgegangen. Hinter seinem Haus wartete Abu Bakr mit seinem Sohn und den Kamelen. Lautlos grüßten sie sich mit Handzeichen, saßen auf und ritten in südlicher Richtung auf die Berge zu, wo sie sich in den kommenden Tagen in einer Höhle verstecken wollten. Tatsächlich jagten schon am nächsten Morgen mekkanische Suchtrupps sämtliche Wege nach Medina entlang, um die Flüchtigen zurückzuholen. Endlich hatten sich die Oberen der Quraisch zu einer gemeinsamen Aktion entschließen können, hatten sogar das Sakrileg in Kauf genommen, im heiligen Bezirk die Waffen zu zücken, und nun sollte es zu spät sein? Sie setzten alles daran, Mohammed ausfindig zu machen: Hundert Kamele boten sie dem, der ihn tot oder lebendig zurückbringen würde. Aber ihre Mühen waren vergeblich. Einige Wochen später erreichte sie die Kunde, das Mohammed und Abu Bakr gesund und wohlauf in Medina angelangt waren.

Die **Hidschra** – die Auswanderung Mohammeds und der ersten Muslime. Sie wird die große Zäsur im Wirken des Gottgesandten sein. Sie stellt die Uhren auf null und läutet eine Zeitenwende ein. Mit dem Jahr der Hidschra wird später die islamische Zeitrechnung einsetzen. Was dem Christentum das Anno Domini ist, ist den Muslimen das Anno Hegirae.[80]

Und doch lässt sich die frühe Geschichte des Islams nicht vom islamischen Jahr null an erzählen. Andere entscheidende Ereignisse hatten bereits stattgefunden, aus denen heraus sich die Notwendigkeit der Auswanderung erst ergeben hatte. Warum wird die Hidschra im Jahr 622 in ihrer Bedeutung so deutlich hervorgehoben? Die Wissenschaft betont, dass sie den Punkt bezeichnet, ab dem Mohammeds religiöse Bewegung Erfolge erzielen konnte.[81] Bis zum ersten legendären Schlachtensieg einer muslimischen Kriegsschar werden aber noch zwei Jahre vergehen. Außerdem scheint es unwahrscheinlich, dass eine derartige Setzung allein auf der Basis nüchterner, historischer Bewertung der Ereignisgeschichte beruht. Wir befinden uns ja mitten in der Gründungserzählung einer angehenden Weltreligion.

Sicherlich war die Hidschra auch ein deutliches Zeichen dafür, dass die Muslime sich von der Ordnung der Stammesgesellschaft lösten. An allererster Stelle wollten sie von nun an Muslime sein, und waren bereit, selbst gegen ihre Verwandten, die dem Glauben der Vorväter die Treue hielten, in den Krieg zu ziehen. Aber sollte die Hidschra wirklich als Symbol für »den endgültigen Bruch mit der Stammesgemeinschaft«[82] ihre prominente Stellung erhalten haben? Das Stammesdenken war ja durchaus vereinbar mit der nun hinzugekommenen islamischen Identität. Innerhalb der Umma blieb die Familienzugehörigkeit ein wesentliches Ordnungselement gesellschaftlichen Miteinanders. Nicht zuletzt die Fürsprache von Al-Abbas für seinen Neffen Mohammed zeigt, dass selbst der Gesandte Gottes auf seine genealogische Herkunft nicht verzichten wollte.

Erinnern wir uns daran, dass sowohl für die islamischen Geschichtsschreiber als auch für Mohammed die Geschichten seiner Vorgänger eine Möglichkeit waren, das Leben des Gottgesandten greifbar und verständlich zu machen. Die bekannteste Auswanderung, die für die Geschichte einer religiösen Gemeinschaft prägend war, ist aber der Auszug der Israeliten aus Ägypten. Und tatsächlich erklärte Mohammed der Überlieferung nach Ereignisse seines Lebens in den Begriffen der jüdischen Legende vom Exodus: »Möge Gott Erbarmen mit den Söhnen des Afra haben, denn wahrlich, sie haben geholfen, den Pharao dieses Volkes und Anführer der Ungläubigen zu töten«, sprach Mohammed, als sein Feind Abu Dschahl in der späteren Schlacht zu Badr gefallen war.[83] Im Koran wird explizit auf die Parallelität der Aufgaben Mohammeds und Moses hingewiesen: »Wir haben euch einen Gesandten geschickt, der für euch die Wahrheit bezeugt, so wie wir einst zum Pharao einen Gesandten geschickt haben.« (Q 73, 15) Auch über die lange Wanderung der Israeliten schien Mohammed Bescheid zu wissen. »Mose, der Prophet – Friede sei mit ihm – kam durch ar-Rauha mit siebzigtausend seines Volkes«, sprach er, als die Muslime von Medina aus eine reiche Karawane auf dem Weg durch ar-Rauha verfolgten.[84]

Der Auszug der Juden aus Ägypten bezeugte ihren Gehorsam gegenüber Gott und seinem Gesandten. Auf Gedeih und Verderb waren sie ihm gefolgt. Sie waren mitten hinein ins Rote Meer gegangen und hatten allein auf Gott und die Worte Moses vertraut. Die Mühen und Herausforderungen der Auswanderung bezeugten ihren Glauben. Die gelungene Auswanderung wiederum bezeugte, dass Mose wirklich ein Prophet war, der seinen göttlichen Auftrag erfüllt hatte.

Auch die Hidschra der Muslime sollte als Zeugnis für ihren Glauben stehen. Sie ließen das Reich des Pharaos – die Stadt der götzenanbetenden Stammesführer – hinter sich, um in jenem Land, das Gott ihnen durch seinen

Gesandten gewiesen hatte, ein neues Leben als Gläubige zu beginnen. In Anlehnung an den Exodus der Hebräer hat auch die Hidschra der Muslime ihre außerordentliche Bedeutung erlangt. So sind die frühen Muslime, die an der Hidschra teilgenommen haben, als *Muhadschirun* (»Auswanderer«) in die Geschichte eingegangen. Sie gelten als Gründerväter der islamischen Umma schlechthin.[85] Wohingegen die Medinenser, die als *al-Ansar* (»die Helfer«) bezeichnet werden, nie einen derartig hohen Rang erhalten haben.

Im Koran wird betont, dass die Muslime zur Auswanderung gezwungen wurden: »O ihr, die ihr glaubt, nehmt nicht meine und eure Feinde zu Freunden, […] sie waren es, die die Wahrheit leugneten, die euch offenbart wurde, und den Gesandten und euch vertrieben, einzig da ihr an Gott, euren Herrn, glaubt!« (Q 60, 1). Vor allem für Mohammed war die Hidschra aber auch eine lebensnotwendige Flucht. Im Schutz der Nacht hatte er dem Attentat durch die jungen Männer entkommen können. Doch die Häscher der Quraisch blieben ihm weiterhin dicht auf den Fersen. Ähnlich bei Mose: Nachdem er und die Hebräer die Stadt des Pharaos friedlich verlassen durften, gab der Pharao seinem Heer den Befehl, ihre Verfolgung aufzunehmen. So wurde auch ihre Auswanderung zur Flucht. Als sie die Ufer des Roten Meeres erreichten, schien ihr Schicksal besiegelt zu sein. Durch Gottes Wirken aber teilte sich das Meer und eröffnete den Hebräern den rettenden Ausweg. Die ägyptische Armee zögerte nicht, sondern jagte ihnen über den feuchten Meeresgrund hinterher. Da stürzten die Wassermassen über den Köpfen der Soldaten zusammen. Das Heer war vernichtet.

Sehr viel subtiler waren die Wunder, die die Verfolger Mohammeds von seiner Spur abbrachten. Während die Quraisch im Umland Mekkas nach ihnen suchten, versteckten sich Mohammed und Abu Bakr im Schutz der südlich gelegenen Höhle. Unter den Beduinen gab es jedoch ausgezeichnete Fährtenleser. Schon am ersten Tag nach ihrer Flucht näherte sich ihnen eine Gruppe von Reitern und machte nur einige Meter unterhalb der Höhle halt. Ein erfahrener Beduine führte sie an. Er war bekannt dafür, dass er eine Fußspur selbst dann noch finden konnte, wenn eine Herde Schafe über sie hinweggetrampelt war.

Die Reiter saßen ab und zogen die Schwerter. Sie waren sich sicher, das Versteck Mohammeds gefunden zu haben. Sie riefen seinen Namen und forderten ihn auf, hinauszukommen. Als die Reiter keine Antwort erhielten, befahlen sie ihrem Führer, die Höhle zu prüfen und einen Blick hineinzuwerfen. Der alte Beduine kletterte zum Eingang hinauf, starrte ins Dunkel und kehrte wieder um. Was er denn habe, riefen ihm die Reiter verärgert entgegen. Aber der Beduine schüttelte nur den Kopf und gestand leise, dass er sich geirrt habe: Die Höhle hätte seit Monaten kein Mensch mehr betreten. Sie sei von Spinnweben verhangen und ein Taubenpärchen niste in ihrem Eingang. Enttäuscht biss er die Zähne zusammen und packte seinen Esel beim Zaumzeug. Nicht allein, dass ihm die hundert Kamele Belohnung entgangen waren, auch sein Ruf als Fährtenleser war ruiniert. Während er langsam den Berg hinab in Richtung Mekka trottete, jagten die wütenden Reiter gen Norden davon.

Die Überlieferung vom Taubennest und Spinnennetz wurde in die kanonischen Werke der Hadithsammlungen nicht aufgenommen. Ihre Wahrhaftigkeit galt den islamischen Gelehrten als nicht eindeutig bewiesen. Trotzdem war diese Anekdote weit verbreitet und ist bis heute bekannt.[86] Im Koran heißt es zur gefahrvollen Stunde in der Höhle: »Gott hat ihm beigestanden, als die Ungläubigen ihn zu zweit vertrieben. Als die beiden in der Höhle waren und er zu seinem Gefährten sprach: ›Sei nicht traurig! Gott ist mit uns‹, da sandte Gott seine Ruhe auf ihn herab und stärkte ihn mit seiner Himmelsschar, die ihr nicht saht.« (Q 9, 40) Die eher abstrakten Worte des Korans überträgt die Überlieferung vom Taubennest in klare, vorstellbare Bilder – sicherlich ist das einer der Gründe für ihre große und andauernde Beliebtheit.

MOHAMMED DER ANFÜHRER

ANKUNFT IN MEDINA

»Wir hatten von seinem Aufbruch aus Mekka gehört«, berichtete ein Augenzeuge seinen Stammesgenossen: »Täglich nach dem Morgengebet zogen wir hinaus aufs Lavafeld und hielten Ausschau. Es war die heißeste Zeit im Jahr. Wir harrten aus, bis kein Schatten mehr zu finden war. Dann kehrten wir um und blieben während der großen Mittagshitze in unseren Häusern. Auch am Tag seiner Ankunft hatten wir am Lavafeld gewartet, doch die Hitze vertrieb uns zu früh. Gerade hatten wir uns in den Häusern niedergelassen, als uns ein Ruf erreichte: ›O ihr Leute aus Quba! Euer Glück ist da!‹ Wir wussten sofort, was gemeint war, sprangen auf und liefen nach draußen. Einer der Juden stand auf seinem Haus und zeigte mit ausgestrecktem Arm in die Richtung, aus der wir gerade erst gekommen waren. ›Euer Glück ist da!‹, rief er uns zu, denn er wusste, auf wen wir jeden Morgen so ungeduldig gewartet hatten.

Wir winkten dem Rufer, dem fröhlichen, der den Gesandten Gottes als Erstes gesehen hatte, dann rannten wir los. Aus dem Schatten des letzten Palmenhains heraus suchten wir den Horizont ab. Keine Menschenseele war zu erkennen. Das Flirren der Hitze über den schwarzen Gesteinsbrocken musste dem Juden einen Streich gespielt haben. Wir wollten schon aufgeben, ließen die Köpfe sinken und wandten uns um. Da entdeckten wir nur ein kurzes Stück entfernt zwei Männer, die im dunklen Schatten einer Palme am Boden saßen.

Wir hatten Mohammed noch nie gegenübergestanden. Als wir nun langsam auf sie zugingen, wussten wir nicht, welcher von beiden er war. Die Sonne wanderte, und der Schatten wich von ihnen. Einen Augenblick erhellte das grelle Licht die beiden Gesichter. Da erhob sich der eine von ihnen, um dem anderen mit seinem Gewand Schatten zu spenden. Jetzt verstanden wir, welcher der zwei der Gesandte Gottes war.«[87]

Mohammed war in Quba angekommen, einer südlichen Siedlung auf dem Gebiet der Oase. Sein Plan war, in den nächsten Tagen weiter in den Norden zu reisen, nach al-Medina, der größten und bevölkerungsreichsten Siedlung. Die Oase war ja kein verwunschener Teich, dessen Ufer mit Schilf und Palmen geschmückt war, wie man sie möglicherweise aus manch orientalisch anmutenden Verfilmungen der *Märchen aus tausendundeiner Nacht* kennt. Sie war eine weite Hochebene, durch die sich einige Wasserläufe und Flussbetten zogen – Wadis, die nur kurze Zeit im Jahr Wasser führten. Bei Sturm und Regen entstanden dann von einer Stunde zur nächsten rauschende Flüsse, die genauso schnell wieder verschwanden. Ihr Wasser versickerte ins Unterirdische und versorgte übers Jahr die vielen Brunnen, die in den Wadis nur wenige Meter bis unter die Erdoberfläche reichten und durch einfache Grabung angelegt werden konnten.

Es war ein Land, das sich von der Heimatstadt Mohammeds in vielem stark unterschied. In Mekka war der Stadtkern klar zu bestimmen gewesen: die Kaaba, um die herum sich die Paläste der Reichen drängten. Im Gebiet der Oase aber war die Lage komplizierter. Es gab zwar eine Art Zentrum, das *al-Medina* – »die Stadt« – genannt wurde, doch verteilten sich Gehöfte, Dörfer und Festungen über die gesamte Ebene. Die Medinenser waren Ackerbauern. Jeder kümmerte sich, so gut er konnte, um sein eigenes Stück Land, auf dem er auch wohnte. Die Häuser lagen daher über die weite Fläche zerstreut, sodass es im Grunde viele selbstständige Ortschaften gab.

Mekka hingegen war eine Handelsstadt. Der Lebensunterhalt seiner Bewohner war abhängig vom Ertrag der großen Karawanen, die sie gemeinsam planten und organisierten. Das Eigentum vieler wurde dann unter die Verantwortung eines einzigen Kaufmanns gestellt, der die Karawane auf ihrer Reise anführen würde. Die großen Kaufleute waren so immer wieder gezwungen, ihr Können und ihre Überlegenheit unter Beweis zu stellen: Wenn eine Karawane mit nur geringem Gewinn zurückkehrte, würde sie das nächste Mal ein anderer anführen. So hatte sich durch praktische Notwendigkeit eine gewisse Ordnung und ein gemeinsames Interesse ergeben. »Der Handel war in Mekka wie überall die Vorschule zur Politik«[88] und lag in den Händen der großen Ratsversammlung, die über Mekka regierte.

In Medina gab es diesen Zwang zum gemeinsamen Handeln nicht. Ihren Acker bearbeiteten die Bauern nur mithilfe der engsten Familie, die gemeinsam unter einem Dach lebte. Sie schützten ihr Feld und horteten die Ernte. So lebte jede Wohngemeinschaft größtenteils unabhängig von ihren Nachbarn. Etwas wie eine allgemeine Ratsversammlung existierte nicht.

Auch die verwandtschaftlichen Bande und Beziehungen waren in Medina kaum zu überschauen. In Mekka hatte ein großer Stamm die Vorherrschaft; in Medina aber waren mehrere, wichtige Stämme ansässig. Drei Parteien waren grob auszumachen: die beiden arabischen Stämme der **Chazradsch** und **Aus** und die Partei der Juden, von denen die beiden Stämme der **Nadir** und **Quraiza** die wichtigsten waren. Aber auch innerhalb der einzelnen Stämme herrschte keineswegs Einigkeit. Da die Ackerbauern keinen Grund hatten, sich als Stamm je im Ganzen zu versammeln, konnte sich keine stabile Führerschaft entwickeln. Große gemeinsame Aufgaben, wie es die Karawanen für die Mekkaner waren oder die gemeinsamen Wanderungen zwischen den verschiedenen Weidegebieten für die Beduinen, stellten sich den Medinensern nicht – es sei denn, sie entschlossen sich zum Kampf gegeneinander.

Mekka hatte das große Glück, durch die immense Heiligkeit der Kaaba vor allzu schnellem Blutvergie-

154

ßen geschützt zu sein. In Medina aber fehlte das strenge Gebot, die Waffen unter allen Umständen ruhen zu lassen. Jeder noch so kleine Streit konnte schnell zu brutalen und andauernden Blutfehden führen, in denen ein Toter den nächsten forderte. Wie es bereits die ersten Pilger aus Yathrib Mohammed geschildert hatten: »Die Stämme der Oase waren wie kein Volk untereinander zerstritten und verfeindet.« Unerlaubtes Betreten von Eigentum, Beleidigungen, Ohrfeigen oder der Neid auf fruchtbaren Boden – all das konnte Anlass zum Totschlag sein. Auch innerhalb einzelner Stämme oder gar Sippen kam es zu blutigen Auseinandersetzungen.

In den Jahren vor Mohammeds Ankunft waren solche inneren, häuslichen Kämpfe zu einem wahren Krieg zwischen den Aus und Chazradsch entbrannt, der die ganze Oase verwüstete. Alle Sippen und auch die jüdischen Stämme waren darin verwickelt. Es kam zu großen Schlachten, die viele Tote forderten und den Hass aufeinander immer weiter schürten. Auch als die Parteien kraftlos und vom Verlust erschüttert sich in ihre Häuser und Burgen zurückzogen, lauerten die Gegner einander auf. Einzelne, die sich schutzlos auf dem Weg zu ihren Feldern oder Häusern befanden, liefen immer Gefahr, in einem tödlichen Hinterhalt umzukommen. Es war ein andauernder, schwelender Kriegszustand, der das geregelte Leben eines Ackerbauern unmöglich machte. Zuletzt war ein jeder gezwungen, einzusehen, dass die Anarchie ein Ende haben musste.[89] Und da sich die verfeindeten Bewohner der Oase keinem

Anführer aus den eigenen Reihen unterordnen würden, musste es eben ein Fremder sein, der sie endlich den Frieden lehren würde.

Als Mohammed das Umland Medinas durchquerte, wurde er euphorisch begrüßt: Er war der Gesandte Gottes, der sie auf den rechten Weg führen und ihnen Einigkeit und den Schutz eines mächtigen Gottes bringen würde. Für die Ansar, die muslimischen Helfer aus der Oase, brach eine neue Zeit an.

Viele hatten sich schon vor Mohammeds Ankunft zum Islam bekehrt. Die Männer und Frauen, die ihm in Aqaba die Treue geschworen hatten, waren nicht untätig gewesen. Eine junge Gemeinschaft war entstanden, die bereit war, den Hass und die Wut zu begraben. Noch aber bestanden gewaltige Spannungen zwischen den ehemaligen Kriegsgegnern. Die alten Fehden ruhten nur. Jederzeit drohten sie von Neuem auszubrechen. Mohammed musste besonnen vorgehen. Dass er die schwierige Lage verstand, zeigt sein diplomatisches Vorgehen, als er sich seinen Wohnsitz bei den Medinensern wählte.

Während er in die Stadt einzog, so berichtet Ibn Ishaq, eilten die Vorsteher der Sippen zu ihm, ergriffen die Zügel seines Kamels und riefen: »O Gesandter Gottes, bleibe bei uns! Unser Besitz ist dein. Wir werden dich schützen!« Mohammed aber bat sie, seinem Kamel den Weg freizugeben: Es stehe unter dem Befehl Gottes. Wo auch immer es halten werde, dort werde er seinen Wohnsitz nehmen.

Inmitten der herbeiströmenden Menschenschar lief es im trägen Schritt unbeirrt in jenen Teil der Stadt, wo die Sippe der Naddschar ihre Häuser hatte. Endlich ließ es sich auf einer Freifläche, die zum Trocknen von Datteln diente, nieder. Mit den Naddschar verband Mohammed eine ferne Verwandtschaft: die Mutter seines Großvaters Abdalmuttalib war eine von ihnen gewesen.[90] Vom Standpunkt der Stammesordnung aus konnte niemand beleidigt sein, wenn er in Nachbarschaft jener Sippe leben würde, die ihm vom Blut her so nahe war. Aber auch die Verdienste der medinensischen Muslime würden damit gewürdigt sein: Zwei der Männer, die Mohammed beim ersten Treffen am Fuß des Berges Aqaba die Treue geschworen hatten, waren ebenfalls von den Naddschar. So hatte Mohammed dank seiner göttlich inspirierten Kamelstute den richtigen Platz gefunden. Er bezahlte den beiden Waisenkindern, denen der Boden gehörte, einen guten Preis, dann gab er Befehl, eine Moschee und ein schlichtes Haus für ihn und seine Familie zu errichten.[91]

Als Gesandter Gottes würde er am Platz der Moschee, dem gemeinsamen Versammlungsort aller Muslime, wohnen. Sie würde von nun an der wichtigste Ort sein; ein Raum, an dem sich die Menschen im Gebet vereinen. Täglich fünf Mal sollten sie sich versammeln und sich gleichzeitig vor dem einen Gott niederwerfen, ihn loben und preisen. Vor Allah sollten aller Streit, der Stolz auf die eigene Herkunft und die vergangenen Taten und Untaten nichtig sein. Aus und Chazradsch würden einander gleich sein. Selbst ein freigelassener Sklave und ein arabisches Stammesoberhaupt konnten – im wahren Glauben vereint – Brüder sein.

Die Ansprüche, die der Islam an die Menschen stellte, waren hoch. Und was im Augenblick des Gebets vielleicht gelingen konnte, übertrug sich nicht sofort auf das alltägliche Leben. In ihren eigenen Häusern fühlten sich die Muslime wieder ihren Vätern und Großvätern verpflichtet, die noch dem alten Glauben anhingen. Seit Mekka aber wusste Mohammed, dass es gefährlich war, den Zusammenhalt der Familien infrage zu stellen. Er wollte nicht Zwietracht, sondern Eintracht säen. Der Islam jedoch konnte allein Muslime vereinen. Um die nicht-islamischen Araber und auch die jüdischen Stämme in seine Gemeinschaft mit einzubeziehen, brauchte es noch etwas anderes.

Im Namen des Friedens

Von den Bündnissen und Verträgen, die Mohammed als offizieller Anführer seiner Gemeinschaft schloss, sticht eine Urkunde besonders hervor – nicht zuletzt, weil von Ibn Ishaq ihr vollständiger Wortlaut wiedergegeben wird. In ihr werden die Regeln für die Mitglieder der islamischen Umma in Medina festgelegt. Wenn sie auch in ihrer ordnungsgebenden Bedeutung nicht überbewertet werden darf, wie die Wissenschaft beharrlich herausstellt,[92] so zeugt die Urkunde doch sehr deutlich von dem Versuch, eine islamische Gemeinschaftsordnung zu schaffen, die andersgläubige Araber und Juden miteinschließt.

Zuallererst richtet sich die Urkunde an die Ansar und die Muhadschirun. Sie bildeten den Kern, die »Seele«[93], der neuen Einheit. Gleich darauf aber werden die einzelnen Stammesgruppen direkt angesprochen: die zu den Chazradsch gehörenden Sippen der Auf, al-Harith, Saida, Guscham, al-Naddschar und die Amr Ibn Auf, an-Nabit und die Aus-Manar, die zu den Aus gehörten. Selbst die Muhadschirun galten wieder als Quraisch.[94] Nicht der einzelne Muslim war Subjekt des Abkommens, sondern die verschiedenen Stammesgruppen. Andersgläubige Araber verblieben in ihren Stämmen, waren aber so in die islamische Gemeinde aufgenommen. Sie wurden weder dazu aufgefordert, sich zum Islam zu bekennen, noch wurden sie aufgrund ihres Glaubens aus der Gemeinschaft ausgeschlossen. Sie blieben, wo sie waren.[95]

In Mekka hatte der Islam die Familien entzweit. Mohammed hatte die Araber herausgefordert, indem er ihre Götter infrage gestellt und ihre Bräuche verachtet hatte. Seine Predigten hatten sich gegen die nicht-muslimischen Araber gerichtet; er hatte sie vor den Höllenqualen und der Stunde des Jüngsten Gerichts gewarnt. In Medina aber sprach Mohammed zu einer Gemeinde, die ihn als Gesandten Gottes angenommen hatte.

Die Nicht-Muslime in den eigenen Reihen brauchten nicht länger Mohammeds Hauptanliegen zu sein. Vielmehr vertraute er darauf, dass sie sich schon bald von ganz allein seiner Religion anschließen würden. Auch die Juden, die in enger Nachbarschaft mit den Ansar lebten, mit ihnen Bündnisse eingegangen waren und gemeinsame Interessen teilten, sollten als Juden von Medina Teil der islamischen Gemeinschaft sein: »Und wer von den Juden uns folgt, der wird Unterstützung und Hilfe so lange erhalten, wie er sich nicht gegen uns richtet oder sich mit unseren Feinden verbündet.«[96] Zudem hoffte Mohammed, dass auch die Juden ihn als den erwarteten Propheten anerkennen und ihm folgen würden. Anstatt die Unterschiede und Grenzen zwischen Muslimen, andersgläubigen Arabern und Juden zu betonen und – zusätzlich zu den alten – noch neue Feindschaften heraufzubeschwören, galt es, einen stabilen und andauernden Frieden zu schaffen.[97]

Daher betraf die Urkunde zum großen Teil die Regelungen zur Blutrache. Diese sollte in ihren zerstörerischen Dimensionen eingedämmt werden. Hier kam nun die neue, stammesübergreifende Gemeinschaft der Muslime ins Spiel. Jeder Unruhestifter, Verbrecher oder Mörder wurde zur Sache der Gläubigen: »Sämtliche Gläubige müssen gegen den Mörder stehen; nichts anderes steht ihnen zu, als gegen ihn Partei zu ergreifen.«[98] Das heißt, dass innerhalb der islamischen Umma die Familie eines Mörders diesen nicht länger schützen durfte. Entweder die Angehörigen des Getöteten akzeptierten ein Blutgeld oder der Mörder musste ausgeliefert werden, auf dass Vergeltung geübt werden konnte. »Kein Gläubiger, der den Inhalt dieser Schrift anerkennt und an Gott und den jüngsten Tag glaubt, wird einen Unruhestifter unterstützen oder ihm Zuflucht verschaffen; wer es dennoch tut, den wird der Fluch Gottes treffen!«[99]

Auch die jüdischen Sippen, vor allem jene, die Schutzabkommen mit den arabischen Chazradsch und Aus geschlossen hatten, waren gemeint. Sie sollten ihre Religion beibehalten und zusammen mit den Muslimen eine Gemeinschaft bilden. Bei der Niederschrift dieser Regelung wird Mohammed sicherlich an Mekka gedacht haben, auf dessen heiligen Boden Waffengewalt grundsätzlich verboten war. »Die Ebene von Yathrib ist den Genossen dieser Schrift heilig«[100], heißt es in der Urkunde.

An die Stelle der Kaaba und der Zeremonienmeister, die das Pfeilorakel des Götzen Hubals durchführten, trat in Medina als Quelle der Heiligkeit der Gesandte Gottes selbst. Als Schiedsrichter verfügte er gegenüber den Muslimen über eine unantastbare, endgültige Autorität: »Und wenn ihr über eine Sache in Streit geratet, dann wendet euch an Gott und Mohammed!«[101] Er, der von außen Hinzugekommene, würde in dem größeren Gemeinwesen, zu dem sich Muslime, nicht-muslimische Araber wie auch die Juden bekennen sollten, die Rolle eines neutralen, rechtschaffenen Schlichters in Streitfällen einnehmen. Selbstbewusst trat er zudem als Anführer der Muhadschirun auf. Innerhalb des Gemeinwesens aber sollte die Autorität unter den muslimischen Stammesanführern verteilt bleiben. Möglicherweise hoffte Mohammed, dass sich eine ähnliche Ratsversammlung bilden könnte, wie er sie bereits aus Mekka kannte.

Ob der Text der Urkunde für alle Bewohner der Oase relevant wurde, die Juden je ihr Einverständnis gegeben oder zumindest eine Abschrift der Urkunde erhalten haben, mag umstritten sein. Die Urkunde zeigt aber, dass Mohammed zuallererst ein religionsübergreifendes Gemeinwesen vorschwebte, dessen wesentliches Ziel die Befriedung der Ländereien der Oase war.

Man muss sich vor Augen führen, dass Mohammed in einer Zeit lebte, in der Gewalt und Grausamkeit in hohem Maße alltäglich waren. Die Männer orientierten sich an einem ausgeprägten Kriegerethos, das in der arabischen Dichtung in höchsten Tönen zelebriert wurde: »Am blutschenkenden Tag lassen wir unsere

Schwerter nicht dürsten«, heißt es beispielsweise bei dem vorislamischen Dichter Abu Tammam. Schlachtenschilderungen waren ein herausforderndes Sujet der schönen Sprachkunst: »Der ruhmreiche Held, der mit erhobenem Blick die Wüste durchstreift, er führt dunkle Truppen, die nur danach trachten, sich auf ihren gezäumten Pferden in den Tod zu stürzen. Wie viele eurer Hände und Füße haben unsere Reiter auf dem Kampfplatz den Hyänen zum Fraß gelassen?« So die Warnung des Dichters Nabigha an einen feindlichen Stamm. Das friedvolle Leben, das erst im hohen Alter ein natürliches Ende findet, war kein Ideal dieser Zeit. Dem Leben als solchem kam kein besonderer Wert zu, bis er nicht durch mutige und selbstlose Taten bewiesen war. Dass neugeborene Mädchen oft in den ersten Tagen ihres Säuglingsalters im Sand verscharrt worden, war die brutale Schattenseite dieses nicht nur todes-, sondern auch lebensverachtenden Kriegerethos'.

Mohammed aber war auf dem einzigen Flecken Erde in der Wüste aufgewachsen, wo ein dauerhafter und heiliger Waffenstillstand galt. Der latente Kriegszustand, der auch nach seiner Ankunft in der Oase herrschte, muss für ihn ungeheuerlich gewesen sein. Der mekkanische Händler war mit einer Gewalt konfrontiert, die ihm in solchem Ausmaß bislang fremd gewesen war. Der Brauch, neugeborene Mädchen zu töten, konnte verboten werden, wie es in Sure 81 geschieht. Auch die altarabische Sitte der Schändung Gefallener – um die Leichen von Kriegern zu entehren, wurden ihnen Ohren und Nasen abgeschnitten oder gar die Herzen herausgerissen – untersagte Mohammed. Die zerstörerische Gewalt ständiger Blutfehden war jedoch mehr als ein archaischer Brauch. Sie war hauptsächlich die Folge des völligen Mangels einer Ordnung und eines Wertesystems, die das reine Stammesdenken überstiegen.

In Mekka schuf die Heiligkeit der Kaaba eine solche Ordnung, der sich die Stämme verpflichtet fühlten. In Medina sollte es Mohammed selbst sein, der als Gesandter Gottes ein höheres Prinzip einführte, unter dem sich die Gesamtheit der Bewohner der Oase vereinen könnte. Auf friedlichem Wege wäre dies nur möglich gewesen, wenn sein Anspruch auf Prophetie auf keinerlei Widerspruch gestoßen wäre. Da dem nicht so war, musste Mohammed versuchen, der islamischen Ordnung mehr als nur göttliche Autorität zu verleihen. Sollte es im Namen des Islams je Frieden oder zumindest dauerhaften Waffenstillstand geben, so mussten die Muslime zu einer starken und kampftüchtigen Macht werden – und Mohammed selbst zu ihrem Kriegsherrn.

MUSLIMISCHE KRIEGER

Die Lage in Medina wird weiterhin gefährlich gewesen sein. Nicht alle Bewohner der Oase billigten die große Macht, die der Flüchtling Mohammed so schnell für sich beanspruchte. Vor seiner Ankunft hatte vor allem der Stammesführer der Amr Ibn Auf, Abdallah Ibn Ubay, gehofft, sich als Oberhaupt der arabischen Stämme etablieren zu können. Diese Aussicht hatte das Auftreten des Gesandten Gottes zunichte gemacht. Auch die Mekkaner intrigierten über Mittelsmänner weiterhin gegen Mohammed. Es galt, wachsam zu sein, denn Feind und Freund lebten in enger Nachbarschaft. In voller Rüstung wachten Freiwillige der Ansar während der Nächte vor dem Haus ihres Gesandten.

Die große Bekehrungswelle, die Mohammeds Ankunft in Medina ausgelöst hatte, barg auch einige Tücken: Sie zog so manchen mit sich, der innerlich längst nicht bereit war, den neuen Glauben und die Prophetie Mohammeds anzuerkennen. Als jener Abdallah Ibn Ubay sich vor die Wahl gestellt fühlte, entweder der sich rasant entwickelnden Bewegung beizutreten oder in deren Schatten ein unbedeutendes Leben zu fristen, entschied er sich bitteren Herzens für den Islam. Er wird nicht der Einzige gewesen sein. Viele Überlieferungen berichten von den Schwierigkeiten, die Mohammed mit jenen hatte, die hinter seinem Rücken über ihn lästerten, seinen Anspruch auf Prophetie anzweifelten oder gegen ihn aufzuwiegeln versuchten, sich jedoch fünf Mal am Tag als fromme Muslime öffentlich in der Moschee im Gebet verneigten. Aufrichtigere Muslime, die Zeugen von solchem verdeckten Verrat wurden, warnten Mohammed vor jenen, die ihm nur zum Schein treu ergeben waren. In den göttlichen Offenbarungen, die Mohammed auch weiterhin empfing, tauchte in dieser Zeit der Begriff der *Munafiqun* auf – die »Heuchler« hatten sich unter die junge Gemeinschaft gemischt.

In dieser Situation musste Mohammed vor allem auf die Auswanderer und die wenigen Ansar, die sich bereits am Aqaba zu ihm bekannt hatten, vertrauen. Sie bildeten den Kern seiner Gemeinde. Wie aber plante Mohammed seine Stellung im Gebiet der Oase zu sichern und gegen seine Feinde vorzugehen? Gegen die Heuchler konnte er nicht offen kämpfen. Sie waren bekennende Muslime, die nur im Verborgenen gegen ihn hetzten. Außerdem musste die Waffenruhe im Land der Oase gewahrt bleiben. Der Islam durfte auf keinen Fall in irgendeine Art blutiger Stammesfehde verwickelt werden.

Mohammed besann sich auf die *Razwa*, jenen Brauch der Wüste, Karawanen aufzulauern und zu überfallen. Er versammelte seine treusten Anhänger um sich, um mit ihnen mögliche Beutezüge zu planen. Die Routen der großen Karawanen zwischen Mekka und Syrien mussten ausgekundschaftet, Waffen mussten beschafft werden. Es waren dann hauptsächlich die Muhadschirun, die erste Streifzüge unter der Führung von Hamza, dem Onkel Mohammeds, unternahmen.

Der kämpferische Streifzug bot wesentliche Vorteile. Einmal konnten Mohammeds Anhänger den Bewohnern der Oase auf indirekte Weise ihre Waffenstärke beweisen und zeigen, dass sie jederzeit bereit waren, zu kämpfen. Wenn ein Trupp von dreißig bis sechzig Bewaffneten auf dem Weg in die Wüste an der Festung von Abdallah Ibn Ubay vorbeizog, wusste dieser, dass die Muslime keine harmlose Truppe von religiösen Fanatikern waren. Von jedem ihrer Streifzüge ging eine stille Warnung an alle Heuchler und die geheimen Feinde Mohammeds aus.

Die ständige Bedrohung durch die Muslime hielt auch die Mekkaner in Schach. All ihre Soldaten waren nun an die Karawanen gebunden. Medina anzugreifen, würde immer heißen, den Schutz ihrer teuren Handelswaren zu vernachlässigen.

Dass die Ansar in der ersten Zeit an den *Razwas* nicht teilnahmen, scheint verständlich, hatten sie sich am Aqaba doch allein zu Mohammeds Schutz verpflichtet. Außerdem mussten sie, im Gegensatz zu den Muhadschirun, weiterhin ihre Äcker bestellen und sich um die Verpflegung der vielen Auswanderer, die nun ihre Gäste waren, kümmern. Noch brachten die Streifzüge ja keinerlei Beute ein, die Verluste an der Ernte hätten ersetzen können. Anfänglich verliefen die Streifzüge ohne eigentliche Kampfhandlungen. Die Muhadschirun zogen aus, spähten nach großen Karawanen, die aber meistens zu gut von ausgerüsteten Kriegern beschützt waren, als dass sie einen Angriff riskieren konnten. Trotzdem lernten die Muhadschirun, die bis vor Kurzem noch das Leben friedlicher Händler geführt hatten, sich als Kampfverband im freien Feld zu bewegen.

Erst anderthalb Jahre nach der Hidschra gelang es den Muhadschirun, eine Karawane der Mekkaner zu überfallen und als Beute nach Medina zu bringen. Am letzten Tag des heiligen Monats Radschab war ein Trupp muslimischer Kämpfer im Tal von Nachla, nahe der Grenze zum heiligen Bezirk Mekkas, auf eine rastende Karawane gestoßen. Indem die Muslime vortäuschten, heimreisende Pilger zu sein, konnten sie in einem Überraschungsangriff die Karawanenführer überwältigen. Es war das erste Mal, dass der Pfeil eines Muslims einen Mekkaner tötete.[102]

Als die Kämpfer wieder in Medina ankamen und stolz die erbeuteten Lasttiere durch die Oase führten, wurden sie aber nicht mit Freude und Jubel empfangen. Im Gegenteil: Das erste vergossene Blut eines Mekkaners bedeutete einen Skandal. Die Muslime und insbesondere die Muhadschirun waren zutiefst betroffen. Mohammed wollte die Beute nicht einmal annehmen. Er hatte doch nicht befohlen, im heiligen Monat zu kämpfen und die Waffenruhe, die alle Pilger in dieser Zeit schützte, zu brechen, so beschwerte er sich.[103]

Wieder war eine Grenze überschritten, über die kein Weg zurückführte. Die Auswanderer hatten die heiligen

Gebote ihrer Heimatstadt missachtet und sie hatten getötet. Vielleicht realisierten sie erst an diesem Punkt, dass sie mitten auf einen Bruderkrieg zusteuerten. Quraisch würden gegen Quraisch antreten. Väter, Söhne und Brüder würden sich als Feinde gegenüberstehen. Die junge Gemeinde in Medina war erschüttert. Auch die Kämpfer von Nachla überkamen nun Zweifel: Hatten sie gegen Gott gefrevelt? Waren sie vor Mohammed in Ungnade gefallen? Niemand wusste mehr, was richtig und was falsch war. In dieser Stunde der Not offenbarte Gott seinem Gesandten folgende Worte:

»Sie fragen dich, was es bedeutet, im heiligen Monat zu kämpfen. Sag: ›In ihm zu kämpfen, ist schlimm. Aber die Menschen vom Wege Gottes abzubringen, ihn und die Kultstätte zu leugnen und seine Gefolgschaft aus ihr zu vertreiben, das ist vor Gott viel schlimmer. Unterdrückung ist schlimmer als Töten. [...] Diejenigen, die glauben, und diejenigen, die ausgewandert sind und um Gottes willen Krieg geführt haben, dürfen auf die Barmherzigkeit Gottes hoffen.‹« (Q 2, 217–218)

»Um Gottes willen Krieg« – die Zeit des *Dschihads* hatte begonnen. Der heute so berüchtigte Begriff meint in seiner Grundbedeutung die zielgerichtete Anstrengung, ein Leben im Gedenken an Gott zu führen. Bekannt geworden ist er jedoch in seiner kriegerischen Bedeutung: »das

Kämpfen auf dem Weg Gottes«. In späteren Zeiten und in vielen unterschiedlichen Situationen werden Muslime diese sehr abstrakte Idee eines von Gott erwünschten Krieges wieder aufgreifen. Zu Mohammeds Lebzeiten aber bezeichnete *Dschihad* vor allem die kriegerischen Auseinandersetzungen zwischen den Muslimen in Medina und den nicht-muslimischen Mekkanern.[104]

Die *Razwa*, als Art und Weise der Kriegsführung, war darauf ausgerichtet gewesen, Beute zu machen. Neben oder gar über diesem praktischen Beweggrund bot sie die Chance, sich als entschlossener und mutiger Krieger zu behaupten, dessen Taten die Dichter in ihren Versen verewigen würden. Auf dieser ideologischen Ebene konnte das Konzept des *Dschihads* anknüpfen. Der arabische, inzwischen aber auch der muslimische Krieger sollte im Kampf zusätzlich die Stärke seines Glaubens unter Beweis stellen. Wer den Tod nicht fürchtete und mit erhobenem Schwert, »*Allahu-Akbar!*« rufend, dem Feind entgegentrat, der würde nicht nur als großer Krieger in die Geschichte des Islams eingehen, sondern auch bei Gott auf Wohlgefallen stoßen. Das altarabische Ideal des Stammeskriegers und die neue Idee eines kämpfenden Muslims standen in keinem Widerspruch zueinander. Der arabisch-islamische Krieger zog aus, um Gottes Ruhm und Ehre für seine Religion, seinen Stamm und zuletzt für sich selbst zu gewinnen und mit Beute beladen heimzukehren.

170

Mohammeds mekkanische Anhänger, die Muhadschirun, sollten also nicht als Quraisch, sondern zuallererst als Muslime in den Kampf ziehen. Ihr Krieg würde mehr bedeuten als nur die Eskalation eines langwierigen Stammeskonflikts, in dem sich einige Sippen untereinander bekämpften. Natürlich wären sie allein auch gar nicht in der Lage gewesen, den mekkanischen Streitkräften in einer direkten Konfrontation standzuhalten. Das hatten sie während ihrer erfolglosen Streifzüge einsehen müssen. Um die Kaaba von den Götzen zu befreien und sie zu einem Ort des wahren Glaubens zu machen, brauchte es die vereinten Kräfte aller Muslime.

Wie aber konnte Mohammed die Ansar für den *Dschihad* gewinnen? Warum sollten die Medinenser schon wieder zu den Waffen greifen? Warum sollten Aus und Chazradsch in Feindschaft zu den Mekkanern treten?

Zuallererst war es die Pflicht zum *Dschihad*, die möglichst streng auf alle Muslime ausgeweitet werden musste. Es war zwar offenbart worden: »Der Kampf wurde jenen erlaubt, die kämpfen, weil ihnen Gewalt geschah, Gott hat die Macht, sie zum Sieg zu führen, jenen, die zu Unrecht aus ihren Häusern vertrieben wurden, nur weil sie sprachen: Unser Herr ist Gott.« (Q 22, 39–40) Jetzt aber wurde der viel umfassendere Befehl offenbart: »Und bekämpft sie, bis keine Unterdrückung mehr herrscht und die Menschen ihr Leben Gott widmen!« (Q 2, 193) Mit solchen Versen konnte Mohammed auch die Ansar zum Kampf gegen den gemeinsamen Feind aufrufen.

Zusätzlich musste die Verbundenheit zwischen Ansar und Muhadschirun weiter gefestigt werden. In der Sprache der Stammesordnung war bereits gesagt, dass die Muslime wie Brüder zueinanderstehen sollten; eine Loyalität sollte herrschen, wie sie sonst nur innerhalb der arabischen Sippen zu finden war.[105] Um dieses Ideal noch stärker zu verwirklichen, versammelte Mohammed die Ansar und Muhadschirun auf dem Gebetsplatz seiner Moschee um sich und sprach zu ihnen: »Verbrüdert euch vor Gott!« Dann ergriff er die Hand seines Schwiegersohns und Cousins Ali, hob sie in die Höhe und sagte: »Dies ist mein Bruder!« Darauf ergriff Hamza die Hand von Zayd, und auch sie wurden Brüder. Abu Bakr verbrüderte sich mit Kharridscha Ibn Zubair von den Chazradsch. Umar wurde der Bruder von Itban Ibn Malik, einem Helfer, der ebenfalls zu den Chazradsch gehörte. Insgesamt fanden sich über dreißig Männer zu Brüderpaaren zusammen. Bei dem Geschichtsschreiber Ibn Ishaq findet sich die lange Liste ihrer Namen.[106]

Zudem wuchs von Tag zu Tag die Gefahr, dass die Mekkaner sich zu einem Angriff gegen Medina entschließen könnten; war doch die Sicherheit ihrer Karawanen nicht mehr gewährleistet – der erste Tote auf ihrer Seite hatte die Entschiedenheit Mohammeds und seiner Anhänger unmissverständlich klargemacht. Würden aber die Mekkaner eine Armee gegen Medina führen, so wären auch die Ansar zum Kampf gezwungen: Sie müssten nicht nur ihr eigenes Land verteidigen, sondern auch ihren Eid gegenüber Mohammed erfüllen. Eine Aufgabe, der sich die erfahrenen Krieger der Oase nur allzu bereitwillig stellten.

BADR

Seit zwei Jahren war Mohammed nun schon in Medina.
Als er von einer großen Karawane erfuhr, die **Abu Sufyan**,
einer der wichtigsten mekkanischen Händler, zurück nach
Mekka führte, spürte er, dass die Zeit gekommen war, die
Muslime zu versammeln und auf den Kampf einzuschwö-
ren. »Es ist die Karawane der Quraisch mit all ihren Reich-
tümern! Zieht aus gegen sie, vielleicht wird Gott sie euch
als Beute schenken!«, rief er seine Getreuen auf. Es war
eine Karawane von tausend Kamelen, die nach erfolgrei-
chen Geschäften in den nördlichen Handelsstädten reich
beladen heimkehrte. Und doch wurde sie nur von dreißig
oder vierzig Mann begleitet – die Chancen für die Muslime standen gut.[107]

Es gelang Mohammed, eine Truppe von über dreihun-
dert Mann aufzustellen, und dieses Mal waren es vor allem
die Ansar, die ihre Rüstungen anlegten. Zweihundertvier-
zig medinensische Krieger zusammen mit sechsundacht-
zig Auswanderern waren bereit, auszurücken.[108] Die über-
zeugten Muslime sehnten sich danach, für ihren Glauben
in die Schlacht zu ziehen – wer auf dem Wege Gottes durch
das Schwert starb, dem war das Paradies sicher. Die weltlicher eingestellten Muslime lockte dagegen die Aussicht
auf reiche Beute.

174

Wie aber kam es zur **Schlacht von Badr**? Ibn Ishaq berichtet, dass der besonnene Abu Sufyan unablässig seine Kundschafter ausschwärmen ließ, um jeden Reiter, den sie trafen, nach Mohammed zu befragen. Er ahnte wohl, dass mit einem Hinterhalt zu rechnen war. Endlich erfuhr er von einem namenlosen Beduinen, dass tatsächlich ein Angriff geplant wurde. Sofort schickte er Damdam, seinen schnellsten Reiter, nach Mekka voraus. Er sollte die Quraisch warnen und sie zur Verteidigung ihrer Waren auffordern. Als Damdam das Tal der Kaaba erreichte, riss er sich seine Kleidung vom Leib und lockerte seinen Sattel, sodass er lose unter dem Bauch des schlanken Reitkamels hing. Dann schlitzte er dem Tier die Nüstern auf, auf dass es wild und rasend wurde, und jagte zum Platz der Kaaba. Dort schrie er, so laut er konnte: »Die Lasttiere, die Lasttiere! Mohammed lauert ihnen auf! Schützt euren Besitz, helft Abu Sufyan!«[109] Auf diese eindringliche Warnung hin zogen, noch bevor Muhammeds Truppe aufbrechen konnte, bis zu tausend Mekkaner los, um sich den Muslimen in den Weg zu stellen.

Als Mohammed die Muslime aus der Oase führte, wird er bereits vermutet haben, dass sie nicht gegen eine gering beschützte Karawane ziehen würden. Doch er verlor über solche Befürchtungen kein Wort. Mehrere Tage waren sie unterwegs, sie gingen zu Fuß oder ritten abwechselnd auf den siebzig Kamelen, die sie hatten aufbringen können. Die Hälfte des Weges bis zu den Wasserquellen von

Badr, wo sie auf die Karawane zu treffen hofften, lag hinter ihnen, als sie am Abend des dritten Tages in einem trockenen Flussbett ihr Nachtlager aufschlugen. Hier nun erhielt Mohammed die verlässliche Nachricht, dass eine Armee der Quraisch ausgerückt war, um die Muslime aufzuhalten.

Mohammed hieß die wichtigsten seiner Anhänger zusammenkommen. Zuerst wollte er hören, wie Abu Bakr und Omar die neue Lage einschätzten. Er eröffnete ihnen, wer ihr Gegner sein würde. Ohne zu zögern, sprach sich Abu Bakr für die Schlacht aus. Auch Omar erhob sich und sagte: »O Gesandter Gottes, dies sind Quraisch, und sie haben Macht – nie werden sie Demut lernen! Doch bei Gott, sie sind ungläubig und daher schutzlos! Also lasst uns in den Krieg ziehen!« Darauf trat ein weiterer der Auswanderer zu ihnen, er sprach: »O Gesandter Gottes, geh mit Gott, wir werden dir folgen! Wir sind nicht wie jene vom Stamm der Israeliten, die ihrem Propheten sagten: ›Geh du mit deinem Gott und kämpfe, wir aber bleiben hier!‹ Zieh mit Gott, wir werden an deiner Seite kämpfen!« So hatten sich die Auswanderer zum Krieg bereit erklärt.

Mohammed aber schien noch unentschieden; sein Blick suchte die Ansar. Da trat Saad Ibn Muath hervor, der wichtigste Stammesführer unter den Ansar, die sich Mohammeds Kriegsschar angeschlossen hatten. Er sprach: »Ich werde für uns Medinenser sprechen, denn es scheint mir, dass du uns gegenüber noch Zweifel hegst.«

»So ist es«, antwortete Mohammed, und Saad erwiderte: »Möglicherweise hat sich die Lage geändert. Aber wir glauben an dich und vertrauen dir. Wir haben mit dir einen Bund geschlossen, dir zu folgen und dir zu gehorchen. Gesandter Gottes, bei dem, der dich mit der Wahrheit gesandt hat, für dich würden wir ein Meer durchqueren, keiner von uns bliebe zurück. Wir sind bereit, schon morgen gegen den Feind zu ziehen. Wir werden standhaft sein im Krieg und für dich kämpfen in der Schlacht!«

Jetzt war Mohammed zufrieden. Er erhob die Stimme und rief: »Bei der Gnade meines Herren, Gott hat mir eines von beiden versprochen, den Sieg über das Heer oder gewaltige Beute! Wahrlich, mir ist, als sehe ich schon den geschlagenen Feind auf dem Schlachtfeld liegen.«[110]

Alle drei Parteien zogen in Richtung Badr, das mekkanische Heer, die Karawane und die muslimische Kriegsschar. Als dann nahe den Quellen die Lager aufgeschlagen wurden, schickte jede der Parteien ihre Späher aus. Die vereinzelten Beduinen, die ihre Tiere täglich zu den entlegenen Weideplätzen trieben, schienen immer zu wissen, was in der Wüste vor sich ging. Mohammed selbst stieß zusammen mit einem Kundschafter auf einen alten Beduinen, der ihm sehr genau berichten konnte, wo sich das Heer der Quraisch aufhielt.[111] Der Beduine wusste sogar, dass eine große Karawane in weniger als zwei Tagen Badr erreichen würde.

Doch auch Abu Sufyan war auf der Hut und war dem behäbigen Zug der Lasttiere vorausgeritten. Im Schutz der

Abenddämmerung schlich er sich an die Quellen, wo er auf einen Hirten traf. Er fragte ihn, ob ihm etwas oder irgendwer aufgefallen sei. Der Hirte meinte, bis auf zwei Reiter, die ihre Wasserschläuche aufgefüllt hätten, nichts Ungewöhnliches bemerkt zu haben. Abu Sufyan horchte auf und ließ sich die Richtung zeigen, aus der die Reiter gekommen waren. Er folgte ihrer Spur, bis er Reste von Kameldung fand. Er zerbröselte etwas davon zwischen den Fingern, einige Dattelkerne blieben zurück. »Bei Allah«, murmelte er, »Tierfutter aus der Oase!« Sofort machte er sich auf den Rückweg. Wieder an der Spitze seiner Karawane angelangt, wies er die Kamelführer an, die Tiere zur Eile zu treiben und hinunter zur Küste zu lenken, um so in großem Bogen Badr auszuweichen und Mohammed zu entkommen.

Als Abu Sufyan der frische Wind des Meeres erreichte und er wusste, dass er sich in Sicherheit befand, beschlichen ihn jedoch ganz andere Sorgen: Hätte er sich nicht zum Heer der Quraisch begeben müssen, um in der Schlacht gegen Mohammed dabei zu sein? Er hatte kein Risiko eingehen wollen. Er war ja Händler, kein Krieger. Wie aber würde er dastehen, wenn die Mekkaner unter der Führung von Abu Dschahl siegreich heimkehren würden? Würde es dann nicht heißen, dass Abu Sufyan, der edle Stammesführer der Quraisch, vor dem Verräter Mohammed geflohen war? Sein Ansehen und seine hohe Stellung in der Ratsversammlung waren in Gefahr. Wäre es da nicht besser, wenn die Schlacht gar nicht erst stattfinden würde, überlegte Abu Sufyan. Und kurz darauf hatte er schon einen Boten losgeschickt, um den Quraisch seine Nachricht zu überbringen: »Ihr seid ausgezogen, um eure Karawane zu beschützen. Jetzt ist sie in Sicherheit, also seid beruhigt und kehrt um!«[112]

Abu Dschahl wollte davon nichts wissen und befahl weiterzuziehen. Er sah seine Chance gekommen, Mohammed und die Muslime ein für alle Mal zu vernichten und sich unter den Quraisch als alleiniger Anführer hervorzutun. Dass sich jedoch zwei vollzählige Sippen zur Rückkehr entschlossen, konnte er nicht verhindern.

Noch in derselben Nacht rückte Mohammed in das Tal von Badr vor. Auf Rat eines der kriegserfahrenen Ansar ließ er den Großteil der Wasserlöcher mit Steinen verschütten, sodass nur ein einziges, gut beschützt hinter den Reihen seiner Kämpfer, übrig blieb. Als im grauen Licht des Morgens das riesige Heer der Quraisch auf den umliegenden Hügeln erschien und sich über die sandigen Abhänge hinabbewegte, war ihnen jeglicher Zugang zum Wasser durch die Muslime versperrt. Angesichts der verschütteten Quellen und eines bevorstehenden langen Tages der Schlacht unter der brennenden Wüstensonne verging so manchem von ihnen der Mut. Allein ihre große Überzahl ließ sie an einen einfachen Sieg glauben.

Trotzdem schickten sie einen Späher aus, um sicherzugehen, dass auch kein Hinterhalt geplant war oder verborgene Truppen in einer Senke oder hinter den Hügeln bereitstanden. »Nichts dergleichen habe ich gefunden«, berichtete der Kundschafter, »aber weit Schlimmeres gesehen: Kamele, die den sicheren Tod auf dem Rücken tragen! Diese Männer haben nichts außer ihren Schwertern! Bei Allah, keiner von ihnen wird fallen, ohne nicht vorher einen von uns getötet zu haben! Unser Sieg wird teuer erkauft sein. O Quraisch, noch ist es nicht zu spät!«

Als Abu Dschahl diese Worte hörte, schrie er auf: »Dich hat wohl die Angst gepackt? Oder ist vielleicht dein eigener Sohn unter dem Haufen Mohammeds? Machst du dir etwa Sorgen um seinen Kopf? Auf keinen Fall werden wir umkehren! Heute wird Allah zwischen uns und Mohammed entscheiden!«[113]

Zuletzt standen sich die beiden Seiten von Angesicht zu Angesicht gegenüber. Kaum zwanzig Meter trennten sie noch. Aus den Reihen der Quraisch lösten sich die beiden Brüder Utba und Schaiba und zogen die Schwerter. Augenblicklich traten ihnen Hamza und Ali zum Zweikampf entgegen. Schon der zweite Schlag Hamzas tötete Utba. Kurz darauf lag auch Schaiba tödlich verwundet zu Füßen Alis. Jetzt war die Schlacht eröffnet. Quraisch und Muslime drängten aufeinander zu. Kampfgeschrei entbrannte, Waffen klirrten, Staub stieg auf.

Mohammed, der weit hinter seinen Reihen in einer eigens für ihn errichteten Hütte saß, schleuderte eine Handvoll Kieselsteine in Richtung der Kämpfenden und schrie: »Hässlich sind ihre Gesichter! O Gott, lass sie vor

Angst erzittern!« Nun fielen die Quraisch einer nach dem anderen. Es heißt, dass Gabriel mit einer Heerschar von Engeln die Reihen der Muslime stärkte.[114]

Ibn Ishaq beschreibt die Schlacht auf wenigen Seiten. Sein prominentester Kollege, **Muhammad Ibn Umar al-Waqidi**, der sich in seinem Werk hauptsächlich den Schlachten der Muslime widmete, geht auf über vierzig Seiten etwas mehr ins Detail. Bei ihm erfahren wir vom filmreifen Ende des Mannes, den die Mekkaner Abu al-Hakam nannten, die Muslime aber Abu Dschahl:

Als seine Sippe sah, dass die Quraisch einer nach dem anderen fielen, versammelten sie sich wie ein dichter Schutzwall um Abu Dschahl. Sie baten ihn, seinen mit einem Federbusch verzierten Helm abzunehmen, sodass ein anderer ihn an seiner Statt tragen könnte. Ein junger Mann meldete sich freiwillig. Aber kaum hatte Ali den Helm erkannt, stürmte er auf den vermeintlichen Abu Dschahl zu und tötete ihn mit nur einem Streich seines berühmten zweizackigen Schwertes. »Nimm das, ich gehöre zu den Söhnen des Abdalmuttalib!«, rief er voller Stolz, den Anführer der Quraisch besiegt zu haben. Schon aber trug ein anderer den federgeschmückten Helm. Diesmal war es Hamza, der Abu Dschahl ins Visier nahm und seinen Speer schleuderte. »Nimm das, ich bin der Sohn des Abdalmuttalib!«, schrie er siegesgewiss. Von da an war keiner der Quraisch mehr bereit, den Helm Abu Dschahls zu tragen.

Nach beendeter Schlacht berichtete einer der Ansar: »Ich hatte Abu Dschahl beobachtet. Er stand zwischen seinen Leuten wie in einem uneinnehmbaren Dickicht. Aber ich ließ ihn nicht aus den Augen und sagte zu mir: Bei Allah, ich werde ihn töten! Und als sich endlich eine winzige Lücke auftat, rannte ich los. Ich holte aus und schlug ihm sein rechtes Bein von der Hüfte. Da sprang sein Sohn Ikrima auf mich zu und traf mich mit seinem Schwert an der Schulter. Mein Arm hing nur noch an Hautfetzen, also zog ich mich zurück. Als der Schmerz zu groß wurde, beugte ich mich, trat auf meine leblose Hand und richtete mich in einem Ruck auf. Ich ließ meinen Arm im Staub zurück und stürzte mich wieder in den Kampf.«

Abdallah Ibn Masud, von dessen Bekehrung wir bereits hörten, war es dann, der nach dem Ende der Schlacht den sterbenden Abu Dschahl zwischen den Toten fand. »Ich setzte meinen Fuß auf seinen Nacken«, berichtet er beim Geschichtsschreiber al-Waqidi, »riss ihm den Helm hinunter und pries Gott, der ihn seiner gerechten Strafe zugeführt hatte. Er flüsterte noch: ›Weit hast du es gebracht, kleiner Hirtenjunge‹, dann schlug ich ihm den Kopf ab. Ich sammelte seine Waffen, seine Rüstung und seinen Helm ein und begab mich zum Gesandten Gottes, um ihm zu sagen: ›Freue dich, O Prophet, denn Abu Dschahl, der Feind Gottes, ist tot!‹«[115]

Die Gefangenen wurden gefesselt, die Toten eilig geplündert. Auch eine gefallene Armee brachte Beute ein.

Wem aber standen all die Rüstungen, die Reittiere und die Gefangenen zu? Kaum waren die vielen Toten im Wüstensand verscharrt, entbrannte Streit zwischen den erschöpften Kämpfern. Mohammed blieb wenig Zeit, Gott für den Sieg gegen den übermächtigen Feind zu danken. Schon wurde ihm die nächste, wichtige Offenbarung anvertraut: »Man fragt dich nach der Beute. Sag: Die Kriegsbeute kommt Gott und dem Gesandten zu. Fürchtet Gott und haltet Frieden untereinander!« Sofort wurde die gesamte Beute auf einem Haufen versammelt, auf dass der Gesandte Gottes entscheide, was damit geschehen solle. »Wenn ihr irgendwelche Beute macht, gehört der fünfte Teil davon Gott und dem Gesandten und den Verwandten, den Waisen, den Armen und dem, der auf Gottes Weg in Not geraten ist.« (Q 8, 1 und 41) So behielt Mohammed ein Fünftel für sich und seinen Haushalt; den Rest verteilte er gerecht unter denen, die an der Schlacht von Badr teilgenommen hatten.

Der erste große Sieg der Muslime brachte jedoch mehr als nur Beute ein. Er wurde auch als der lang ersehnte Beweis für die Wahrheit der prophetischen Botschaft und die Macht Gottes verstanden. Allein durch göttlichen Beistand war es zu erklären, dass die zahlenmäßig derart unterlegenen Muslime gegen die gut ausgerüstete Armee der Quraisch gewinnen konnten. Wer bisher an Mohammeds Koran noch gezweifelt hatte, musste nun die Wahrheit seiner Sendung anerkennnen. In den kommenden

Monaten wuchs die Zahl der Muslime Medinas um ein Vielfaches und so auch die Macht ihrer Gemeinschaft und ihres Propheten.[116]

Doch wie eindringlich der Koran auch betont, dass es Gott war, der für die Muslime den Sieg erwirkt hatte,[117] so bietet die überlieferte Erzählung der Schlacht auch rationale Erklärungen an. Vor allem scheint es der mekkanischen Stammesarmee an Einigkeit gemangelt zu haben. Wir haben von den inneren Machtkämpfen zwischen Abu Dschahl und Abu Sufyan gehört. Auch die Sippen scheinen nicht sämtlich zum Kampf motiviert gewesen zu sein, hatten sich doch zwei von ihnen gänzlich zurückgezogen. Nach Abu Sufyans Botschaft, dass die Karawane in Sicherheit war, werden die meisten der Quraisch nur widerwillig einer kriegerischen Konfrontation zugestimmt haben. So sprechen auch die Zahlen der Toten nicht für eine erbitterte, andauernde Schlacht, sondern eher für den schnellen Rückzug der Verlierer. Gerade mal vierzehn Muslime waren getötet worden. Die fünfzig gefallenen und dreiundvierzig gefangenen Quraisch scheinen von ihren noch über achthundert Stammesbrüdern schnell aufgegeben worden zu sein.

Als diese nun in vielen kleinen Gruppen heimwärts durch die Wüste ritten, wurde ihnen das Ausmaß ihrer Niederlage bewusst. Sie, die stolzen Quraisch von Mekka, hatten ihr Gesicht verloren. Ihr Ansehen und ihre Ehre waren beschmutzt. Einige ihrer besten Männer lagen tot im Wüstensand. Wie ein böses, unvorhergese-

henes Unheil war Mohammed über sie gekommen. Wut
und Hass erwachten. Kaum waren die gedemütigten und
beschämten Verlierer wieder in ihrer Heimatstadt eingetroffen, begannen sie ihren Rachefeldzug gegen die Muslime zu planen. Der Wunsch nach Vergeltung würde sie in
der nächsten Schlacht befeuern. Sie verboten sich jegliche
Trauer über ihre Toten. Erst wenn ihre Ehre wiederherge-
stellt sein würde, würden sie ihrer gedenken.

Das Ende der jüdischen Stämme in al-Medina

Die Muslime bewegten sich nun freier und selbstbewusster auf dem Gebiet der Oase. Sie fühlten sich in ihrem Glauben an Allah und seinen Gesandten durch ihren Sieg bestätigt. Auch Mohammed teilte die Freude seiner Anhänger. Zugleich aber wusste er, dass seine Feinde nicht ruhten, ihren Gegenschlag vorzubereiten. Selbst in Medina waren seine Gegner nicht untätig. Insgeheim hofften die Heuchler unter den Muslimen, wie auch einige der jüdischen Stämme, dass Mohammed und seine Anhänger die nächste Schlacht nicht überleben würden. Sie verabscheuten es, sich der neuen Macht, die Mohammed verkörperte, unterwerfen zu müssen.

Jetzt zeigte sich, dass die Juden keineswegs von ihrem Glauben abrücken würden, um auf die Offenbarungen des Arabers zu hören. Im Gegensatz zum Islam, der noch kaum über feste Riten, Gesetze und Traditionen verfügte, war ihre Religion bereits hoch entwickelt. Ihr Wissen von den biblischen Legenden überstieg alles, was im Koran über diese zu finden war. Der junge, sich gerade erst zur Religion entwickelnde Islam des Arabers muss für die Rabbiner eine lächerliche, im besten Falle kindliche Anmaßung gewesen sein. Was sollten das beispielsweise für Offenbarungen sein, die scheinbar je nach Bedarf kamen, etwa wenn die Muslime über kritische Fragen wie die Beuteverteilung oder das Kriegführen im heiligen Monat in Streit gerieten? Auch schienen diesem Mohammed ständig neue Ideen zu kommen. Erst beteten seine Muslime, ganz wie die Juden, in Richtung Jerusalem, plötzlich aber entschieden sie sich um und wendeten sich im Gebet ihrer von Götzen umstandenen Kaaba zu. Die Juden werden sich sicherlich auch gewundert haben, als eines Morgens Bilal, der ehemalige Sklave, auf das Dach eines Hauses kletterte, um wie der Hahn in der Früh die Muslime zum Gebet herbeizurufen.

Mohammed hatte sich getäuscht. Im festen Glauben an seine Sendung hatte er damit gerechnet, dass es gerade die Juden sein müssten, die die göttliche Wahrheit seiner Offenbarungen wiedererkennen würden. War es doch derselbe Gott, der ihn wie auch die biblischen Propheten entsandt hatte. Den Muslimen hatte Mohammed empfohlen, ein Streitgespräch mit jüdischen Gelehrten mit folgenden Worten zu eröffnen: »Wir glauben an das, was zu uns, und an das, was zu euch herabgesandt worden ist. Unser und euer Gott ist einer. Ihm sind wir ergeben.« (Q 29, 46) Die Juden aber waren den neuen Offenbarungen Mohammeds gegenüber weit weniger offen. Ihre Reaktion auf die Botschaft des arabischen Gesandten wird im Koran folgendermaßen beschrieben: »Wenn man zu ihnen sagt: ›Glaubt an das, was Gott herabgesandt hat!‹, sagen sie: ›Wir glauben an das, was zu uns herabgesandt worden ist.‹ Aber sie glauben nicht an das, was danach gekommen ist, wo es doch die Wahrheit ist und bestätigt, was ihnen bereits vorliegt!« (Q 2, 91). Es muss eine frustrierende Situation für Mohammed gewesen sein. Wieso ging die ihm offenbarte Wahrheit in die sturen Köpfe der Juden nicht hinein? Ihre Herzen seien verhärtet, ja, sogar härter als Stein, heißt es dazu im Koran.[118]

Auf die ablehnende Haltung gegenüber seinem Prophetenanspruch reagierte Mohammed ebenfalls mit Ablehnung. Wenn die Juden seine Wahrheit nicht anerkannten, schlussfolgerte er, so konnte das allein daran liegen, dass sie in ihrem eigenen Glauben zu viel Falsches zugelassen hatten.[119] Ihr Glaube war unrein geworden. Die Juden beriefen sich zwar auf wahrhaftige Propheten, das gestand Mohammed ihnen auch weiterhin zu, doch hatten sie sich im Laufe der Jahrhunderte von deren Lehren entfernt. Mohammed wandte sich in der Folge vom Judentum ab. In diesem Zusammenhang ist auch die Änderung der Gebetsrichtung zu erklären. Von nun an war es der Anspruch seiner Religion, den Urmonotheismus Abrahams zu erneuern. Hieß es doch, dass Abraham als Erster und ohne göttliche Offenbarung, allein an den Zeichen der Natur und den Gestirnen des Himmels, die Einheit Gottes erkannt hatte. Dieser Einsicht und diesem Gott hatte er die Kaaba geweiht. So bewirkte die deutlichere Abgrenzung zum Judentum eine stärkere Betonung des abrahamitischen Erbes der Araber. Von nun an würde sich die Ausprägung der islamischen Riten an den altarabischen Kulttraditionen orientieren. Das wichtigste Beispiel dafür

wird die Verpflichtung zur *Haddsch* sein, die alljährliche
Wallfahrt der Muslime nach Mekka und Arafa, die auch
in vorislamischer Zeit praktiziert wurde. Aber auch der
hohe Stellenwert des Arabischen als zukünftige Sakral-
und Liturgiesprache des Islams steht mit dieser Rückbe-
sinnung auf die altarabischen Bräuche und Glaubensvor-
stellung in enger Verbindung.[120]

Zwischen den jüdischen Stämmen und der muslimischen Umma entwickelte sich eine politische und religiöse Feindseligkeit, die kaum Hoffnung auf eine friedliche
Lösung versprach. Mohammed wusste, dass er sich in
Medina keine Gegner erlauben konnte, die nur auf ihre
Chance lauerten, den Muslimen in den Rücken zu fallen,
sobald sie in ernsthafte Schwierigkeiten geraten würden.
Zu diesen auf ihre Chance lauernden Feinden schien
der jüdische Stamm der **Qaynuqa** zu zählen, der noch
dazu in unmittelbarer Nachbarschaft zu den Quartieren
Mohammeds und seiner engsten Anhänger lebte. Würde die Armee der Quraisch anrücken, könnte sie auf die
Unterstützung dieses Stammes zählen, meinte Mohammed befürchten zu müssen. Als es nun auf dem Markt
der Qaynuqa zu einem Streit zwischen einem jüdischen
Händler und einem Muslim kam, in dessen Verlauf erst
der eine, dann der andere erschlagen wurde, waren Muslime wie auch die Qaynuqa sofort zum Äußersten bereit.
Die Qaynuqa stellten eine Armee zusammen, verschanz-
ten sich in ihrer größten Festung, um noch auf Verstär-

kung ihrer arabischen Verbündeten zu warten. Schon strömten die muslimischen Krieger in großer Überzahl zusammen und belagerten sie. Die Qaynuqa warteten vergeblich auf Hilfe. Ihre Verbündeten hatten erkannt, dass gegen Mohammed in dieser Situation nichts mehr auszurichten war. Nach zwei Wochen der Belagerung blieb den Qaynuqa keine andere Wahl: Sie ergaben sich bedingungslos.

Ibn Ubay plagte das schlechte Gewissen: Er war es, der seine jüdischen Verbündeten im Stich gelassen hatte. Um zu retten, was zu retten war, begab er sich zu Mohammed und flehte ihn an, Gnade gegenüber den Qaynuqa walten zu lassen. Mohammed aber war längst offenbart worden, wie er mit den Vertragsbrüchigen zu verfahren hatte: Er verstrieb sie mitsamt ihrem Gefolge aus dem Gebiet der Oase.[121] Ihren Besitz, unter dem sich reichlich Waffen und Rüstungen befanden, verteilte er unter den Muslimen. Über sein Fünftel verfügte er frei und sprach insbesondere den landlosen Auswanderern den gewonnenen Boden zu.[122]

Kaum ein Jahr war vergangen, da begegneten sich die Muslime und die Quraisch von Neuem. Im Tal Uhud, in der Nähe Medinas, kam es zur Schlacht. Dieses Mal war die Uneinigkeit aufseiten der Muslime gewesen: Die Älteren unter ihnen, auch Mohammed, hatten dafür gestimmt, den Feind in die Stadt einziehen zu lassen, um ihn aus den Häusern heraus zu bekämpfen. Den Jüngeren, die im taktischen Vorgehen weniger erfahren waren, erschien diese Strategie als feige. Sie wollten den offenen Kampf, und es gelang ihnen, auch Mohammed dafür zu gewinnen.

Die Quraisch waren geeint in ihrem Begehren nach Rache für die Toten von Badr. Viele ihrer Frauen begleiteten das Heer, um die Männer anzuspornen und gegen den Feind aufzuhetzen. Und so kam es, dass die Muslime geschlagen wurden und in die Hügel fliehen mussten. Selbst Mohammed war in der Schlacht an der Wange verletzt worden; eine Zeit lang hatte es sogar geheißen, er wäre gefallen. Hätten die Quraisch diese Stunde der Schwäche der Muslime genutzt, um in Medina einzuziehen und endgültig mit dem Propheten und dem Islam Schluss zu machen, dann wäre es sicherlich gelungen. Doch ihr Verlangen nach Vergeltung war gestillt, und so riefen sie in Richtung der Hügel, wo sich Mohammed versteckt hielt, dass man im nächsten Jahr erneut aufeinandertreffen werde.

Es war keine vernichtende Niederlage gewesen und die Muslime erholten sich schnell. Vereinzelte Feldzüge gegen befeindete Stämme im östlichen Hochland des Najd, im Inneren der arabischen Halbinsel, wurden schon wenige Monate nach der Schlacht von Uhud unternommen. Auch die Machtkämpfe innerhalb Medinas wurden weitergeführt. Was dem Stamm der Qaynuqa widerfahren war, erlitt nun auch der jüdische Stamm der Nadir. Mohammed hatte sie des Verrats verdächtigt und ihnen den Krieg erklärt. Nach einer kurzen Zeit der Belagerung mussten sie aufgeben und verließen in einer langen, schwer beladenen Karawane die Oase.

Die nächste große kriegerische Herausforderung stellte sich den Muslimen, als etwa ein Jahr nach der Schlacht von Uhud die Quraisch ein riesiges Heer versammelten, all ihre Verbündeten zusammenriefen und gegen Medina ausrückten. Die Fehler der letzten Schlacht sollten nicht wiederholt werden, also entschieden die Muslime, den Sturm des Feindes in den Festungen Medinas auszusitzen. Vorher aber gruben sie innerhalb weniger Tage einen breiten Graben, der einen Einzug in die Stadt verhindern sollte. Dieser stellte sich als außerordentlich wirkungsvoll heraus. Zwischen dem Heer der Quraisch, das mehr als zehntausend Mann stark gewesen sein soll, und den Muslimen kam es zu keiner offenen Schlacht. Als nach mehreren Wochen ein eiskalter Wind die Zelte der Quraisch umwarf und ihre Feuer löschte, traten sie unverrichteter Dinge den Rückweg an.

Während dieser ungewissen Tage der Belagerung Medinas durch die Quraisch hatte der letzte wichtige jüdische Stamm der Oase, so erzählen es die islamischen Quellen, seine Untreue gegenüber den Muslimen bewiesen. Sein geheimes Paktieren mit dem Feind sei verraten worden. Kaum hatten die Quraisch ihr Heerlager geräumt, rief Mohammed seine Krieger zusammen, um die **Quraiza** in ihrer Festung zu belagern. Fünfundzwanzig Tage hielten sie aus, dann mussten sie sich ergeben. Sad Ibn Muath, der Stammesführer der Aus, war es, der das Urteil über die Quraiza fällen sollte. Entgegen dem Drängen seiner Stammesbrüder, die um das Leben ihrer ehemaligen Verbündeten fürchteten, entschied er, »dass die Männer getötet, die Kinder und Frauen gefangen genommen werden und ihr Besitz aufgeteilt wird«.[123] Aus allen Stämmen wurden die Henker gewählt, die gemeinsam die Hinrichtung aller männlichen Quraiza vollstreckten.[124] Ibn Ishaq spricht von sechshundert bis achthundert enthaupteten Männern.[125]

Die Vernichtung der kriegsfähigen Quraiza ist sicherlich durch strategische Überlegungen zu begründen: Sie sollten sich nicht den bereits vertriebenen Qaynuqa und Nadir anschließen, die vom Norden aus die Mekkaner in der Grabenschlacht unterstützt hatten. Wie ja auch viele der Gefangenen von Badr, die für ein Lösegeld ihre Freiheit wiedererlangt hatten, in der Schlacht von Uhud erneut gegen die Muslime gekämpft hatten. Die Quraiza hingegen sollten ein für alle Mal besiegt bleiben. Es ist dies die grausame Logik des Krieges, für die nicht allein Dschingis Khan auf seinen blutigen Eroberungszügen bekannt ist: Im Rücken der Armee darf es keine Feinde geben. Auch im Alten Testament ist zu lesen, wie die Israeliten während ihrer Eroberungszüge mit eingenommenen Städten zu verfahren hatten: »Wenn sie der Herr, dein Gott, dir in die Hand gibt, so sollst du alles, was darin männlich ist, mit des Schwertes Schärfe erschlagen.« (5. Buch Mose, 20,13) Trotz aller Erklärungen und

Einordnungen werden solche umfassenden und expliziten Gewaltakte immer dem dunklen Teil der Geschichte angehören.

Die Muslime auf Pilgerreise

Vier Jahre stetiger Schlachten, Feldzüge und innerer Kämpfe, die ihren martialischen Höhepunkt in der Hinrichtung der Quraiza gefunden hatten, waren ins Land gegangen. Und doch hatte es auch Monate gegeben, in denen das Leben in der Oase friedlich verlaufen war und Alltag einkehrte. Dann spielte Mohammed mit seinen beiden Enkelsöhnen Hassan und Husain, die aus der Verbindung von Fatima und Ali hervorgegangen waren, und erfreute sich, zum Ärger seiner eifersüchtigen Ehefrauen, an seiner Sklavin Rayhanah. Sein Haushalt war stetig gewachsen. Er besaß schöne Gärten, die ihn und seine Familie ernährten. Auch die Auswanderer waren nicht länger abhängig von ihren Brüdern unter den Ansar, sondern verfügten über genügend Besitz, um sich ein Auskommen sichern zu können. Auf den Ruf Bilals füllte sich die Moschee fünf Mal am Tag und die Zahl der Muslime wuchs beständig. Gabriel war ihm ein treuer Gefährte geblieben, er warnte Mohammed vor versteckten Gefahren und half ihm, wenn er nicht weiterwusste. Im Großen und Ganzen konnte Mohammed dankbar sein, hatte er auch sein großes Ziel, die Bekehrung der Mekkaner, bislang nicht erreicht.

Eines Nachts nun, so berichtet es al-Waqidi, träumte Mohammed, wie er mit geschorenem Kopf die Kaaba betrat und dort den Schlüssel zu ihrem Tor entgegennahm.[126] Er brauchte nicht erst Abu Bakr fragen, was dieser Traum zu bedeuten hatte. Kaum war er erwacht, forderte er die Muslime auf, mit ihm die kleine Pilgerfahrt zu unternehmen. Sie sollten unbewaffnet, nur im weißen Gewand der Wallfahrer nach Mekka, in die Stadt ihrer Feinde, ziehen. Siebenhundert Mann machten sich bereit.

Mohammed ritt ihnen auf seiner Kamelstute **Qaswa** voran, auf der er auch in Medina eingezogen war. Er vertraute auf ihre Führung, denn tatsächlich wusste er nicht, was passieren würde, wenn die Quraisch erfahren würden, dass er mit Hunderten friedlicher Muslime auf dem Weg zur Kaaba war. Würden sie ihn einziehen lassen, ihn, gegen den sie seit Jahren Krieg führten? Oder würden sie die schutzlose Pilgerschar angreifen? Was auch immer sie tun würden, zu guter Letzt würde Mohammed der Sieger sein, wusste er doch Allah auf seiner Seite – trotz ungewisser Aussichten blieb Mohammed zuversichtlich.

Als sie etwa die Hälfte der Strecke geschafft hatten, bei einem Ort namens Usfan, trafen sie auf einen ihnen freundlich gesinnten Beduinen. Er warnte sie: »O Gesandter Gottes, die Quraisch haben von deinem Aufbruch gehört. Sie haben ihre Leopardenfelle angelegt und sind mitsamt ihrer Reiterei ausgerückt, um sich dir in den Weg zu stellen. Sie haben geschworen, dass du Mekka gegen ihren Willen nie betreten wirst!«[127]

»Wehe ihnen«, flüsterte Mohammed. Er hatte mit Widerstand gerechnet, doch angesichts der ausdauernden Hartnäckigkeit und Sturheit der Quraisch konnte er nur den Kopf schütteln. Hatten sie es noch nicht begriffen: Er würde nicht aufgeben. Bis zum Ende, sei es der Sieg oder sein Tod, wollte er für die göttliche Botschaft kämpfen. So ließ er einen ortskundigen Beduinen suchen, der sie am Lager der Quraisch vorbei in Richtung Mekka leiten könnte. Siebenhundert Mann aber konnten sich in der Wüste nicht unbemerkt bewegen. Die riesige Staubwolke, die sie und ihre Kamele aufwirbelten, verriet sie. Sofort lenkte die Reiterei der Quraisch ihre Pferde in Richtung der Pilgerschar.

Als nun Mohammed und die Muslime einen der letzten höheren Pässe vor Mekka überqueren wollten, stockte Qaswa, die Kamelstute des Propheten. Er wollte sie antreiben, doch schon sank sie in die Knie und legte auch ihren langen Hals auf der Erde ab. Mohammed wusste, dass sie kein störrisches Tier war. Ihr Verhalten musste ein Zeichen Gottes sein. Er saß ab und ließ auch die Muslime absteigen. »Wenn mir die Quraisch heute und hier einen Vorschlag machen, der Frieden bringt, dann werde ich darauf eingehen!«, sprach er und ging schnellen Schrittes zurück ins Tal hinunter.

Die Muslime folgten ihm und errichteten ein notdürftiges Lager. Sie hatten gelernt, den Gesandten Gottes nicht infrage zu stellen. Allein ihr geringer Wasservorrat machte ihnen Sorgen. So begaben sie sich zögerlich zu ihrem Propheten. Noch bevor sie aber ein Wort gesprochen hatten, erkannte er an ihren ängstlichen Mienen, was sie wollten.

»Hier, nimm diesen Pfeil und stoß ihn dort, im Schatten des dürren Baumes, in den Sand!«, befahl er einem von ihnen. Der tat, wie ihm geheißen, und Wasser sprudelte so reichlich hervor, dass es für Tier und Mensch auf Tage genügen würde.

Bald tauchten die ersten Kundschafter der Quraisch auf. »Weshalb seid ihr gekommen?«, fragten sie und erhielten zur Antwort, dass der Gesandte und die Muslime lediglich die Kaaba besuchen wollten und keinerlei kriegerische Absichten hegten. An ihrer Kleidung und der geringen Bewaffnung erkannten die Kundschafter, dass die Muslime die Wahrheit sprachen, und kehrten zu den Quraisch zurück, um zu berichten. Die Führer der Quraisch jedoch waren sich einig: »Selbst wenn er nicht kämpfen will, so werden wir es nie zulassen, dass er Mekka betritt und die Araber über unsere Schwäche lachen.« Einer der Kundschafter war ein frommer Mann, der einzig Allah, den Gott der Kaaba, verehrte. Er hatte die geschmückten Opfertiere der Muslime gesehen. Zornig sprach er nun: »Wie könnt ihr jemandem den Zutritt zum Haus Gottes verbieten, der gekommen ist, es zu verehren? Ihr seid den Pilgern gegenüber verpflichtet, vergesst das nicht oder die Araber der Wüste werden euch daran erinnern!«

Auf diese Warnung hin schickten die Quraisch einen weiteren Boten, der mit Mohammed persönlich sprechen sollte. Nur widerwillig ließen die Muslime jenen Urwa Ibn Masud zum Gesandten Gottes vor. Kaum hatte Mohammed ihn begrüßt, begann Urwa auf ihn einzureden: »Mohammed, was hast du nur für einen bunten Haufen um dich geschart. Mit diesen Leuten willst du deinen Stamm, die Quraisch, angreifen? Weißt du denn nicht, dass sie dich im Stich lassen, sobald ...«

Abu Bakr hatte ihm das Wort abgeschnitten: »Scher dich zu deinen falschen Göttern, nie würden wir den Gesandten Gottes im Stich lassen!«

Urwa hörte nicht auf Abu Bakr, er beugte sich Mohammed weit entgegen, wollte ihn am Bart packen, um ihn Auge in Auge zu beschwören. Schon streckte einer der Gefährten des Propheten sein Schwert zwischen sie und rief: »Wage es nicht, ihn anzufassen, wenn dir dein Leben lieb ist!«

Urwa schrak zurück. Mohammed lächelte nur und erklärte, was er auch zuvor schon gesagt hatte: Dass er nichts im Schilde führe, sondern einzig gekommen sei, um die Kaaba zu umrunden.

Als der verwirrte Urwa dann durch das Lager der Muslime stolperte, sah er noch, wie Mohammed eine Schale Wasser gereicht wurde, er seine Hände wusch und seinen Mund ausspülte. Als Mohammed das Wasser zurück in die Schale spuckte, sprangen augenblicklich einige seiner Anhänger dazu, tauchten ihre Fingerspitzen in sein Waschwasser und benetzten damit ihre Gesichter.

Zurück bei den Quraisch, hatte Urwa noch immer nicht recht begriffen, was er da gesehen hatte, und stammelte nur: »Ich bin weit gereist, war am Hof des Khosrau und des Negus zu Besuch, aber, bei Allah, nie habe ich gesehen, dass ein König so geliebt wird wie Mohammed von seinen Gefährten. Nie und nimmer werden sie ihn aufgeben. Also macht, was ihr für richtig haltet, ich kann euch nicht helfen.«[128]

Zuletzt schickten die Quraisch einen Mann namens Suhail. Als Mohammed hörte, dass ein weiterer Bote eingetroffen war, ahnte er schon, dass die Quraisch schlussendlich bereit waren, Frieden zu schließen. Er bat Suhail zu sich und sie unterhielten sich lange. Aus ihrem Gespräch ging ein Friedensabkommen hervor, dass so manchen Muslim unbefriedigt ließ: Mohammed erklärte sich bereit, auf die diesjährige Wallfahrt zu verzichten. Erst im nächsten Jahr würden ihm die Quraisch den Zutritt zum Heiligtum gewähren.

Außerdem versprach er, von nun an jeden Quraisch, der sich entgegen dem Willen seiner Familie oder seines Schutzherrn zu Mohammed und den Muslimen begab, nach Mekka zurückzuschicken. Zuletzt unterschrieb der Gesandte Gottes, auf den Wunsch Suhails, das Abkommen als Mohammed Ibn Abdallah[129] – für so manch ergebenen Muslim musste dies in deutlichem Widerspruch zu allem stehen, was Mohammed gefordert und gepredigt hatte.

Hatten er aufgegeben? Sich gar seinen Feinden unterworfen? Durfte ein Muslim einem Götzendiener derart die Hand reichen? War der Unglaube dem Glauben ebenbürtig? Fragen dieser Art verbreiteten sich wie ein Lauffeuer im Lager der Muslime.

Erst als Mohammed mit Suhail vor sein Zelt trat und ihn verabschiedete und die Muslime sahen, welch selbstsichere Zuversicht und Fröhlichkeit das Gesicht ihres Propheten ausstrahlte, beruhigten sie sich. Als Mohammed ihnen kurz darauf die neuste Offenbarung rezitierte, konnte er auch die letzten Zweifel auslöschen: »Wir haben dir einen klaren Erfolg vermacht. Denn Gott vergibt dir deine frühere und deine spätere Schuld, vollendet seine Gnade an dir und leitet dich den richtigen Weg. Gott wird dich wahrhaft siegen lassen.« (Q 48, 1–3)

In den kommenden zwei Jahren zeigte sich, von welchem Sieg die Offenbarung gesprochen hatte. Indem die Quraisch mit Mohammed auf Augenhöhe verhandelt und ein Abkommen mit ihm unterzeichnet hatten, gestanden sie ihm offiziell den Rang eines außergewöhnlichen Anführers zu. Der islamischen Gemeinschaft, die er repräsentierte, war damit endgültig ein Platz in der Ordnung der Wüste zugesprochen. Viele der arabischen Stämme waren nun bereit, sich Mohammed und dem Islam anzuschließen. Seine militärische Stärke wuchs um ein Vielfaches. In der Folge war es für Mohammed ein Leichtes, jeden Widerstand, der seiner Gemeinschaft noch entgegengebracht wurde, niederzuschlagen.

Kaum war er von der frühzeitig unterbrochenen Pilgerreise zurückgekehrt, brach er mit den nun bewaffneten und kampfbereiten Muslimen im Eilmarsch in Richtung Norden auf. Ziel waren die Gebiete der Oase von

Chaibar, von wo aus die vertriebenen jüdischen Stämme Medinas zum Kampf gegen Mohammed warben. Sie meinten, in den versteckten Burgen ihrer Verwandten sichere Zuflucht gefunden zu haben. Dem Ansturm der muslimischen Streitmacht aber hatten sie nichts entgegenzusetzen. Von einer besiegten Festung zog sie zur nächsten. Bald schon waren in weitem Umkreis alle jüdischen Stämme bereit, sich zu ergeben und in Verhandlung zu treten. Mohammed entschied, dass sie weiterhin auf ihrem Boden leben durften, doch alljährlich die Hälfte ihrer Ernte an ihn und die Muslime abtreten müssten. Auch ihre Schätze und Waffen hatten sie auszuhändigen.

In mehr als einem Dutzend Feldzügen unterwarfen die Muslime dann auch die letzten arabischen Stämme, die sich der Vormachtstellung des Islams noch aktiv widersetzten. Von Monat zu Monat festigte sich Mohammeds Macht. Die Quraisch, die gehofft hatten, dass der Waffenstillstand der stetig wachsenden Bewegung die Zugkraft rauben könnte, hatten sich geirrt. Tatenlos mussten sie zusehen, wie nach und nach alle Feinde ihres Vertragspartners sich geschlagen gaben. Ihnen selbst blieben nicht mehr als eine Handvoll schwacher Verbündeter. Die stolzen Quraisch waren ins Abseits der Geschichte geraten. Bald schon würde der Islam Mohammeds auch sie überrollen.

RÜCKKEHR NACH MEKKA

Im Jahr 8 der islamischen Zeitrechnung kam es zu einer verhängnisvollen Auseinandersetzung zwischen zwei weniger bedeutenden Stämmen, deren Weidegebiete weit verstreut an den Grenzen des heiligen Bezirks von Mekka lagen. Eine alte Fehde war erneut aufgebrochen. Ein Toter forderte den nächsten. Tagsüber wurde von Blutgeld geredet, des Nachts aber ermordete man sich hinterrücks. Doch die Zeiten hatten sich geändert. Als Mohammed von den Schwierigkeiten des kleinen Stammes hörte, der nicht nur seit dem Waffenstillstandsabkommen sein Verbündeter war, sondern aus dem auch Halima, seine Amme aus lang vergangenen Kindertagen, stammte, geriet die gesamte Wüste in Bewegung.

Schon seit Längerem hatte Mohammed ungeduldig auf den richtigen Zeitpunkt gewartet. Nun, da der Waffenstillstand durch Verbündete der Quraisch gebrochen war, hieß er Aischa seine Rüstung zusammenzulegen und machte sich auf den Weg in die Moschee, um den Muslimen Bescheid zu geben: Sie sollten ihn auf einem großen Feldzug begleiten. Als sie seine Worte hörten und sein ernstes Gesicht sahen, wussten sie, dass nur Mekka gemeint sein konnte. Insgeheim wurden Boten zu allen Stämmen der Wüste geschickt, die sich in den letzten Jahren Mohammed angeschlossen hatten. Auch sie sollten sich bereit machen. Eine stille Freude breitete sich aus. Die Muhadschirun würden ihre Heimat wiedersehen. Viele hofften auf Ruhm und Beute. Manch einer sah die Stunde der Rache für seine getöteten Familienangehörigen gekommen. Die Frommen sprachen davon, dass die wichtigste Bastion des Unglaubens, das reiche Mekka, endlich fallen und die heilige Kaaba von nun an dem Land des Islams angehören würde.

Siebenhundert Muhadschirun, dreitausendfünfhundert Ansar zu Fuß und fünfhundert zu Pferd machten sich auf den Weg. Nach und nach trafen auch die großen Truppenverbände der Stämme zu ihnen. Bald marschierte ein Heer von über zehntausend Mann in Richtung Süden. Mohammed hatte es tatsächlich geschafft, die militärische Stärke eines Großteils der Bewohner der Wüste zu vereinen. Ob es allein der Islam war, der dies möglich machte, scheint fraglich. Auch die Aussicht auf so reiche Beute, wie sie nur Mekka, die Stadt der Händler, versprach, wird die Beduinen ins Fahrwasser des verheißungsvollen Feldzugs gelockt haben.

Als die Kunde von einer nahenden Armee Mekka und seine Umgebung erreichte, löste dies sehr unterschiedliche Reaktionen aus. Die alten Feinde der Quraisch, der Stamm der Thaqif, die einst Mohammed ihre Unterstützung versagt hatten, horchten auf: Würde eine siegreiche muslimische Streitmacht nicht die Gunst der Stunde nutzen, um auch das reiche at-Taif einzunehmen? Sofort veranlassten sie ihre eigenen Krieger, sich zu versammeln, und riefen auch ihre nächsten Verbündeten dazu auf. Im besten Fall, so hofften sie, würde sich die Chance ergeben, über das vom Kampf geschwächte Mekka herzufallen.

Die Mekkaner befanden sich also unversehens in der äußerst ungünstigen Lage, gleichzeitig von zwei Feinden belauert zu werden. Vom Norden her näherten sich die Muslime, östlich gruppierten sich die Thaqif mit ihren Verbündeten. Ihr Rat musste nicht lange tagen, um zu dem Schluss zu kommen, dass jeder Kampf unbedingt abzuwenden war, wollten sie ihre Familien, ihr Hab und Gut und ihr Leben nicht der Sklaverei und Vernichtung preisgeben. Sie entsandten ihren besten Diplomaten, der oft bewiesen hatte, dass ihm Frieden und Sicherheit wichtiger waren als die zweifelhafte Ehre des Kriegers: Abu Sufyan.

Viele Mekkaner hatten auch ganz unabhängig von den Vorstehern ihrer Stadt die aussichtslose Lage begriffen. Auf versteckten Wegen begaben sie sich zum muslimischen Heer, suchten nach ihren Verwandten unter den Auswanderern und baten diese um Rat. Nichts anderes aber konnte sie noch retten als ein überfälliges Bekenntnis. Alte Feinde und Spötter des Islams flehten jetzt darum, zum Propheten sprechen zu dürfen. Sie baten um Gnade und beteuerten, dass es nur einen Gott gebe und Mohammed dessen Gesandter sei.[130] Auch al-Abbas, der Onkel Mohammeds, der ihm immer wohlgesinnt gewesen war, ohne ihn jedoch als Gottgesandten anzuerkennen, suchte nun seinen Neffen auf, um sich ihm als treuer Muslim anzuschließen.

All diese Bekehrungen stehen mit Sicherheit unter dem Verdacht, aus rein opportunistischen Gründen vollzogen worden zu sein: Das Blatt hatte sich gewendet, und die Mekkaner versuchten, zu retten, was zu retten war. Doch angesichts Mohammeds überwältigender Macht und der grenzenlosen Verehrung, die ihm von seinen Anhängern entgegengebracht wurde, wird auch so mancher zu einem wahren Glauben gefunden haben. In einer religiösen Welt – und die Mekkaner waren ja durchaus im Glauben an ihre verschiedenen Götter fest verankert – war der Erfolg, der Mohammeds Bewegung beschieden war, kaum anders als durch die Macht seines Gottes zu erklären. Sein Erfolg bewies die Wahrheit seiner Sendung, ebenso wie er die Schwäche der altarabischen Gottheiten bloßstellte.[131] Überdies schließen pragmatische und religiöse Motive für eine Bekehrung einander natürlich nicht aus. In den meisten Fällen werden sie vielmehr ununterscheidbar ineinander verstrickt gewesen sein.

Das Heer der Muslime erreichte die Gegend um Mekka kurz vor der Abenddämmerung. Als die Nachtlager aufgeschlagen waren, befahl Mohammed, viele Feuer anzuzünden. So würden die riesigen Ausmaße seiner Armee auch in der Dunkelheit abzuschätzen sein. Er rechnete wohl damit, dass ihn in Kürze die ersten Unterhändler Mek-

206

kas aufsuchen würden. Und tatsächlich war Abu Sufyan
bereits unterwegs zu ihm. Das Heerlager war nicht zu ver-
fehlen; schon von Weitem hatten ihn die Lichter Zehntau-
sender Feuer und das Schnaufen und Wiehern Tausender
Pferde und Kamele die Richtung gewiesen. Als ihn nun
noch die vereinten Gebetsrufe aller Muslime erreichten,
durchfuhr ihn ein Gefühl der Angst, der Ehrfurcht, der
Ausweglosigkeit. Er, der große Abu Sufyan, war so winzig
klein gegenüber dieser neuen, atemberaubenden Macht,
die ihn zugleich anzog und abstieß. Jetzt aber drängte es
ihn hin zum Propheten, allein durch ihn konnte er die
Rettung seiner Stadt, seiner Familie und auch die Rettung
seiner selbst erreichen. Wie aber sollte er in diesem Men-
schenmeer sein Zelt ausfindig machen? Ein glücklicher
Zufall – oder die Feder der Chronisten – wollte es, dass der
eifrige al-Abbas, der gerade erst die Gunst Mohammeds
für sich gewonnen hatte, bereits auf der Suche nach einem
Boten der Quraisch war. Er ritt auf dem weißen Maultier
des Propheten selbst, als er in der finsteren Nacht auf Abu
Sufyan traf. Sie grüßten einander, bestaunten das Furcht
einflößende Heer. Dann bat al-Abbas Abu Sufyan aufzu-
sitzen, um ihn sicher durch die Schar seiner Feinde zum
Gesandten zu bringen.

»Der Feind Gottes«, wie Omar Ibn al-Chattab den mekkanischen Unterhändler betitelte, als er ihn vor dem Zelt
des Propheten erkannte, gelangte unter dem Schutz von
al-Abbas unbeschadet zu Mohammed. Der blickte ihn lange und traurig an, dann fragte er: »Ist nicht endlich die

Zeit gekommen, da du verstehst, dass es keinen Gott außer dem einen gibt?«

Abu Sufyan gab allen Widerstand auf. Er neigte sein Haupt, dankte dem Propheten für dessen Großherzigkeit und sprach zuerst zögerlich, dann laut und voller Überzeugung das Glaubensbekenntnis: Kein Gott außer Gott und Mohammed ist sein Gesandter.[132]

Als Abu Sufyan am nächsten Morgen nach Mekka zurückkehrte, rief er die Bewohner der Stadt nicht etwa zum erbitterten Kampf auf, sondern empfahl ihnen, sich in ihren Häusern zu verschanzen: »O ihr Quraisch, Mohammed ist mit einem Heer gekommen, gegen das ihr nichts ausrichten könnt! Zieht euch in eure Häuser zurück, allein dort seid ihr sicher!« Als seine Frau Hind, deren Vater Utba in der Schlacht zu Badr gefallen war, hörte, wie ihr Mann sich sang- und klanglos in die Kapitulation ergab, war sie nicht mehr zu halten. Sie packte ihn am Schnurrbart und schrie: »Tötet ihn, diesen ehrlosen Fettsack! Was für ein schändlicher Beschützer seines Volkes!«[133] Niemand aber achtete auf ihre Worte. Die Mekkaner eilten in ihre Häuser, verrammelten Fenster und Türen und schüttelten verständnislos den Kopf über jene wenigen Blindwütigen, die sich jetzt noch Mohammed entgegenstellen wollten.

Wenige Stunden später marschierten die Muslime aus allen Himmelsrichtungen in die Stadt ein, um sich in deren Zentrum an der Kaaba wieder zu vereinen. Von Widerstand konnte keine Rede sein. Bis auf kurze Scharmützel war es eine kampflose Eroberung. Plünderungen und unnötige Waffengewalt hatte Mohammed verboten. Ausdrücklich hatte er zwar die Tötung einiger Personen, die er namentlich nannte, befohlen – Menschen, die ihn verraten oder öffentlich geschmäht hatten –, ansonsten sollte aber nicht unnötig Blut vergossen werden. Er wünschte einen möglichst friedlichen Einmarsch, der alle Feindseligkeiten beenden würde – einen Triumph des Islams, nicht der Waffen und des Krieges.

Auf seiner Kamelstute Qaswa ritt er auf den Platz der Kaaba hinaus, seine engste Gefolgschaft dicht hinter ihm. Die steinernen Götzen erzitterten, als sein Blick sie traf. Als er dann seinen langen Hirtenstab erhob, ihn auf jede einzelne von ihnen richtete und flüsterte: »Die Wahrheit ist gekommen, das Falsche ist vorüber, siehe, es wird zerstört!«, stürzten die Götzen kopfüber von ihren Podesten und lagen im Staub, als hätten sie sich vor dem Propheten zu Boden geworfen.[134] »*Allahu-Akbar!*«, jubelten die Muslime. Sieben Mal umrundete er die Kaaba und berührte jedes Mal den schwarzen Stein, der auch weiterhin heilig blieb. Zuletzt befahl Mohammed, die Kaaba zu öffnen, und ließ sich ihren Schlüssel überreichen. Auch in ihrem Inneren zerstörte er alle Götzenfiguren und befahl, die verschiedenen Bilder von den Wänden zu waschen. Darauf trat er hinaus auf die Schwelle der Kaaba und sprach zu den Versammelten: »*La Ilaha Ila Lah!* Gott hat keinen Gefährten! Sein Versprechen ist erfüllt, sein Diener ist siegreich. Alles Frühere, die Großtaten eurer Vorfahren wie auch die Schulden, sei es Blut oder Geld, die ihr gegeneinander erhebt, ist durch mich zum heutigen Tag aufgehoben. Allein die ehrenvolle Verpflichtung der Tränkung der Pilger und des Schutzes der heiligen Kaaba bleiben bestehen! O ihr Quraisch, Gott hat euch den Hochmut der Unwissenden genommen und den Stolz auf die Vorväter hinweggefegt! Die Menschen sind die Kinder Adams, der aus Staub allein geschaffen wurde.«

Mohammed sah in die Menge und jeder Einzelne fühlte sich von seinem strengen Blick durchbohrt. Endlich, als die Stille schwer und erdrückend über dem Platz der Kaaba stand, rief er: »O ihr Quraisch, was sagt ihr? Was erwartet ihr?«

Wie aus einem Munde sprachen sie: »Wir sagen, dass es gut ist, und wir erwarten nur Gutes! Du hast die Macht!«

»Dann geht eures Weges! Ihr seid frei!«, antwortete Mohammed und trat zurück in den Schatten des heiligen Hauses.[135]

Die Mekkaner waren mehr als glimpflich davongekommen. Sie behielten ihren Besitz, ihr Leben, ihre Freiheit. Die wichtigen Aufgaben des Schutzes der Kaaba und der Versorgung der Pilger blieben in den Händen der Familien, die für diese schon seit Generationen verantwortlich waren. Die Kaaba würde auch weiterhin das zentrale Heiligtum in der Wüste sein. In den Grundzügen würde ihr Leben also unverändert bleiben, allein der Islam trat als neue Religion hinzu und löste ihre alten Glaubensvorstellungen ab. Selbst innerhalb der muslimischen Gemeinschaft zögerten die gerade frisch bekehrten Kaufleute der Quraisch nicht, wichtige Posten und Verantwortung für sich zu beanspruchen.

Die friedliche Einnahme der reichen Stadt bedeutete auf der anderen Seite, dass das riesige Heer, die Beduinenstämme, die Ansar und die frühen Auswanderer, einen Sieg ohne Beute errungen hatten. Was nützte es ihnen, dass Mekka nun muslimisch war? Vielmehr mussten sie befürchten, bald schon von den ehrgeizigen Quraisch innerhalb ihrer eigenen Bewegung an den Rand gedrängt zu werden. Ihr Gesandter Gottes schien heimgekehrt zu sein und seine Helfer aus der Oase wie auch die Stämme der Wüste nicht länger zu brauchen. Unzufriedenheit machte sich breit.

Doch Mohammed wusste auch darauf eine Lösung, die jedoch nur vorläufig die Gemüter der Unzufriedenen beschwichtigte. Noch lagerten ja die versammelten Krieger der Thaqif und der ihnen verbündeten Stämme in der näheren Umgebung. Wenige Tage nach der überwiegend friedlichen Eroberung Mekkas rief er sein Heer erneut zum Kampf auf. Zusätzliche Verstärkung erhielt er nun auch durch die Mekkaner: Sie stellten ihm etwa zweitausend Bewaffnete an die Seite.

Im Tal von Hunayn kam es zur Schlacht. Die Feinde warfen sich den Muslimen in erbitterter Entschlossenheit entgegen, und es schien schon, als würden Mohammeds Truppen sich in wilder Flucht zerstreuen. Als sie aber die laute Stimme ihres Propheten hörten, der sie anspornte und zurück in den Kampf rief, war die Entscheidung schnell herbeigeführt. Sie siegten und brachten nach langer Verfolgung ihrer Feinde unzählige Kamele, Pferde und auch Schafe in ihren Besitz. Die Zahl der Gefangenen ging in die Tausende.

Nun gab es Beute zu verteilen. Die Beduinenstämme erhielten einen Anteil. Große Geschenke von Hunderten Kamelen gingen an einige der neuen Muslime wie Abu Sufyan und dessen Sohn. Einige der Besiegten, die sich nun auch zum Islam bekehrten, erhielten etwas von ihrem Besitz zurück. Mohammed wollte die Wogen glätten. All die Muslime, die gerade noch Feinde gewesen waren, sollten nicht von Hass und Rachegelüsten erneut gegeneinander aufgebracht werden. Wenn überhaupt, dann sollten die Schwerter nur noch an den Grenzen des von den Muslimen kontrollierten Gebietes gegen die Nicht-Muslime oder Feinde des Islams gezogen werden.[136]

Die weitestgehend politische Verteilung der Beute führte jedoch dazu, dass die Ansar, die in den vergangenen Jahren von zahlreichen Feldzügen profitiert hatten, in diesem Fall leer ausgingen. Ihre Klagen darüber bekam auch der Prophet zu Ohren, worauf er sie aufsuchte und zur Rede stellte: »Was ist das für Gerede, das mich von euch erreicht? Kam ich nicht zu euch, als ihr in die Irre gingt, worauf Gott euch rechtleitete? Wart ihr nicht arm und Gott machte euch reich? Wart ihr nicht verfeindet, wo ihr doch heute durch Gott in Frieden miteinander lebt? Zürnt mir nicht wegen weltlicher Güter, mit denen ich die Menschen belohne, die sich Gott und seinem Gesandten unterwerfen! Jene werden mit Schafen und Kamelen nach Hause reiten, ihr aber werdet mit dem Propheten an eurer Seite heimkehren! Würden alle Menschen einen Weg gehen und nur ihr Helfer einen anderen, ich würde mit euch ziehen! O Gott, sei barmherzig mit den Helfern, ihren Kindern und Kindeskindern!«[137]

Da weinten sie, bis ihnen die Tränen über die Bärte rannen, und sie sprachen: »Nun sind wir zufrieden, denn wir wissen, dass unser Anteil der beste ist.«

Wenige Wochen später ließ Mohammed Mekka erneut hinter sich und ritt zusammen mit den Ansar und seinen treusten Gefährten nach Medina zurück.

DER PREDIGER

Mohammed war als Kriegsherr ausgezogen und hatte den lang ersehnten Sieg über Mekka errungen. Als er nun von den Schlachten heimkehrte, war er nachdenklich gestimmt. Er dachte an die Klagen der Ansar oder die Bekehrungen des Abu Sufyan und des al-Abbas. Er dachte an die Stämme der Beduinen, die die erbeuteten Herden von Kamelen und Schafen in die Wüste zurückführten. Wie viele seiner Anhänger hatten sich zum Islam bekannt, ohne ihre Herzen dem wahren Glauben zu öffnen?

Als einer seiner Gefährten sein Kamel neben das seine lenkte, ihm Wasser anbot und neugierig sein ernstes Gesicht musterte, sprach Mohammed: »Wir kehren vom kleinen zum großen Dschihad zurück.«

Einige Minuten verstrichen, dann fragte der Gefährte: »O Gesandter Gottes, was ist der große Dschihad?«

Mohammed seufzte. »Der große Dschihad, das ist der Kampf gegen die Seele, die stets das Böse befiehlt«, antwortete er und erklärte: »Mögest du dein Schwert gegen den Unglauben und die Götzendiener erheben, bis es blutbefleckt zerbricht, so ist es doch der Gottes Gedenkende, den Gott mehr als jeden anderen liebt.«[138]

Mohammed war des Krieges müde geworden. Er hatte Beute verteilt, aber einzig den Islam geben wollen. Der Sieg hatte ihm unter den Menschen Gehör verschafft. Sie verstanden seine Befehle, doch die Botschaft, die er verkündete, blieb vielen von ihnen fremd. In einer Vielzahl überlieferter Prophetenworte spiegelt sich diese große Enttäuschung wider.

So kam eines Tages ein Mann zu ihm, der ihn fragte: »Der eine Muslim kämpft wegen der Beute, der andere wegen des Ruhms, ein anderer kämpft, damit er an Ansehen gewinnt. Wer von ihnen befindet sich auf dem Wege Gottes und was wird ihr Lohn sein?«

Mohammed antwortete: »Sie erhalten nichts. Allein derjenige, der kämpft, damit das Wort Gottes die Oberhand gewinnt, geht auf dem Wege Gottes.«[139]

Nach vielen siegreichen Eroberungen war Mohammed Anführer einer neuen politischen Macht, die sich eher auf das öffentliche Bekenntnis zum einen Gott und zur Treue gegenüber seinem Gesandten stützte als auf den wahren, innerlichen Glauben.

Als er in Medina ankam, über den Hof der Moschee zu den Häusern seiner Frauen lief, die ihn schon erwarteten, erkannte er auch in ihren Augen die brennende Neugier, welche der Reichtümer Mekkas er ihnen zum Geschenk machen würde. Die meisten von ihnen hatte er geheiratet, um Bündnissen oder Freundschaften zu ihren Vätern zusätzlich das Gewicht familiärer Bande zu verleihen. Möglicherweise hätte er besser auf ihren Glauben und ihre Frömmigkeit geschaut als auf den strategischen Vorteil, den er sich durch die Ehe zu ihnen erhoffen konnte. Selbst im Koran findet sich strenge Kritik an den »Müttern der Gläubigen«, wie die Frauen Mohammeds betitelt wurden: »Vielleicht wird sein Herr, wenn er euch Frauen von ihm scheidet, ihm Gattinnen zum Tausch geben, die besser sind als ihr: gottergeben, gläubig, demütig, reuevoll, die beten und fasten, verheiratet waren oder noch Jungfrauen sind.« (Q 66, 5)

»Jede Gemeinschaft hat eine Versuchung, und die Versuchung meiner Gemeinschaft ist der Reichtum«, sprach er bei sich[140] und trat seinen Frauen entgegen, die ihn freudig begrüßten – keine erlaubte sich, nach den Schätzen der Quraisch zu fragen.

In den kommenden beiden Jahren widmete sich Mohammed ganz den Aufgaben des Anführers. Er empfing Gesandschaften ferner Stammesverbände, die sich der islamischen Umma anschließen wollten; befehligte Feldzüge oder entsandte Truppen an die Grenzen der von den Muslimen kontrollierten Gebiete. Seine Gemeinschaft wuchs von Monat zu Monat und auch der letzte Götzendiener hatte bald dem alten Irrglauben abgeschworen. Der Islam schien unwiderruflich unter den Arabern verankert zu sein.

Eines Nachts nun, berichtet Ibn Ishaq, fand Mohammed keinen Schlaf. Eine Weile lag er wach, dann stand er auf, um zu einem nahe gelegenen Friedhof zu spazieren. Schon auf dem Weg dorthin spürte er, dass er nicht mehr allein war. Der Engel Gabriel begleitete ihn.

Zwischen den Gräbern angekommen, sprach Moham-

216

med: »Friede sei mit euch, ihr Volk der Gräber. Freut euch, dass ihr nicht mehr seid, wo die Lebenden sind! Zeiten der Zwietracht nahen wie Wellen der finsteren Nacht, eine nach der anderen, und jede wird schlimmer sein als die letzte.« Dann wandte er sich der schattigen Gestalt des Engels zu. Gabriel war gekommen, um Mohammed vor eine Wahl zu stellen.

Der Erzengel bot ihm die Schlüssel zu den Schätzen der Welt und den Aufstieg ins Paradies nach einem langen Leben. Oder aber die Begegnung mit seinem Herren und den Eintritt ins Paradies in schon naher Zukunft. Mohammed zögerte nicht, sich für Letzteres zu entscheiden. Einzig seine Heimatstadt und die heilige Kaaba wollte er vor dem Ende noch einmal wiedersehen.[141]

Als dann der Monat der Wallfahrt, der *Dhu l-Hidsch*, bevorstand, hieß Mohammed die Muslime Medinas und der Wüstenstämme sich bereit machen, um unter seiner Führung nach Mekka zu reisen und die Pilgerfahrt zu vollziehen.

Große Menschenmengen begannen bald schon die Stadt zu füllen. Ganze Herden von Schafen und Kamelen trieben sie mit sich, von denen ein Großteil für die Opferung bestimmt war. Diesmal lockte weder Ruhm noch Beute. Allein der Islam machte den Muslimen diese Reise zur Pflicht. Während der Tag der Abreise näher rückte, wanderte Mohammed zu den vielen Lagerstätten der Pilger, um sie willkommen zu heißen. Er rezitierte aus dem Koran und erklärte die Vorschriften, die während der Wallfahrt einzuhalten waren, und ihren Ablauf. Immer wieder betonte er, welch großen Segen sie dem Gläubigen bringe: »Wer um Gottes willen die Wallfahrt vollzieht, sich währenddessen des Geschlechtsverkehrs enthält und nicht frevelt, der kehrt von ihr so zurück, wie er am Tag, da ihn seine Mutter geboren hat, beschaffen war.«[142] – Nach den langen Jahren des Krieges war wohl kaum einer unter den Muslimen, der nicht für die ein oder andere Tat auf Vergebung hoffte.

Als große **Abschiedswallfahrt** ist diese letzte Pilgerfahrt Mohammeds in die Geschichte eingegangen. Mohammed unternahm sie im Bewusstsein seines baldigen Todes. Sie bedeutete einerseits den endgültigen Triumphzug des Islams: Zu guter Letzt gehörte das altarabische Kultzentrum der Kaaba einzig den Muslimen. Die Zeit der Vielgötterei, der Götzenfiguren und ihrer Anbetung war endgültig vorüber. Andererseits wurde nun der alte Brauch der Pilgerfahrt in die rituelle Praxis des Islams aufgenommen. Indem Mohammed die verschiedenen Schritte der altarabischen Rituale absolvierte – wie das Laufen zwischen den beiden Hügeln **Safa** und **Marwa** oder das Sammeln kleiner Kiesel bei **Muzdalifah**, um damit im Tal von Aqaba den von drei Säulen verkörperten Satan zu steinigen –, wurden sie in die Praxis des neuen Glaubens integriert. Jeder Handgriff Mohammeds und jedes von ihm laut gesprochene Gebet wurden aufmerksam von den Muslimen registriert. Alles, was er in diesen Tagen tat, würde für die kommenden Zeiten als Vorschrift gelten. Etwas unüberlegt hatte er beispielsweise nach dem Umrunden der Kaaba auch sie selbst noch betreten. Ausdrücklich musste er dann klarstellen, dass es allein geboten war, sie zu umschreiten, nicht aber zu betreten – was bei der großen Anzahl von Pilgern für jeden Einzelnen auch gar nicht möglich gewesen wäre.

Während seiner letzten Haddsch war Mohammed darum bemüht, offene Fragen, die das Wesen der neuen Religion betrafen, zu beantworten und die Muslime einmal mehr zum Gehorsam gegenüber den Geboten des Islams und zum Glauben aufzurufen. Die in den Quellen überlieferte Abschiedsrede, die er in diesen Tagen hielt, ist voller Mahnungen und Wiederholungen wichtiger Gebote. So spricht Mohammed etwa im Bericht von Ibn Ishaq:

»O ihr Menschen! Hört meine Worte, denn ich weiß nicht, ob ich euch an diesem Ort noch einmal treffen werde. O ihr Menschen, euer Blut und euer Besitz sind euch heilig, doch wenn ihr einst eurem Herren begegnet, wird er euch allein nach euren Taten befragen. Seid nicht ungerecht, so wird euch kein Unrecht widerfahren! Gebt zurück, was euch anvertraut wurde. Fordert keinen Zins, denn Gott hat entschieden, dass es keinen Zins gibt. Jede Blutschuld aus der alten Zeit ist aufgehoben. O ihr Menschen, der Satan scheint für immer besiegt, doch auch wenn dieses Land für ihn verloren ist, so lauert er doch auf eure kleinen Taten, die ihr für gering erachtet. Seid wachsam in euerem Glauben! Vergesst nicht, dass jeder Muslim dem anderen ein Bruder ist und alle Muslime untereinander Geschwister sind. Niemand darf von seinem Bruder nehmen, was dieser nicht auch geben will. Seid nicht ungerecht gegeneinander und nicht gegen euch selbst! O Gott, habe ich nicht zu ihnen gesprochen!«[143]

Die Angst um seine Gemeinde spricht aus diesen Zeilen. Nach den langen Jahren der Offenbarungen kannte Mohammed die Geschichten der früheren Gesandten und wusste, was ihren Lehren widerfahren war: Nicht immer blieben die Menschen ihnen treu. Die Verlockung war groß, unliebsame Stellen in den geoffenbarten Schriften gemäß den eigenen weltlichen Interessen zu interpretieren oder gar ihren eigentlichen Wortlaut abzuändern.[144] Das Erbe der Propheten war immer in Gefahr, missverstanden oder gar missbraucht zu werden. Um der Macht willen war so manches wahre Wort gebrochen und verraten worden. Mohammed hatte die Botschaft seiner Vorgänger erneuert und den Arabern gebracht. Wie aber sollte sein Vermächtnis unbeschadet die Zeiten überdauern? Waren die Menschen fähig zu lernen? Waren sie fähig, dem wahren Glauben anzugehören? Mohammeds Glaube an Gott war rein und stark. Doch an die Menschen zu glauben, war oft schwer und Zweifel kamen auf. Er betete täglich für sie und bat Gott, sie den rechten Weg zu leiten.

Schon während der Rückreise nach Medina begannen ihn Kopfschmerzen zu plagen. Schweigend saß er auf seinem Kamel an der Spitze des langen Zuges seiner Anhänger. Seine Gedanken kreisten um seine Gemeinde. Wer sollte sie anführen, wenn er nicht mehr wäre? Brauchte sie einen Anführer? Ihm, dem Gesandten Gottes, konnte niemand nachfolgen, denn er war der Letzte in der Reihe der Propheten. Die Muslime hatten den Koran, und sie hatten seine Worte und Taten, an denen sie sich orientieren könnten. Auf die Rechtleitung Gottes konnten sie vertrauen, solange sie nur seine Gebote einhalten würden. Sie würden sich selbst einen Anführer bestimmen müssen, so wie es auch in Mekka seit jeher durch den Rat der Oberen geschehen war. Sollte er ihnen aber helfen, die richtige Wahl zu treffen? Oder sollte er auf die Klugheit und Einsicht seiner langjährigen Gefährten vertrauen? Zuletzt verdrängten die starken Kopfschmerzen alle Sorgen um die Zukunft. Als sie Medina erreichten, war Mohammed kaum mehr ansprechbar. Ein heftiges Fieber hatte ihn geschwächt. Kaum konnte er sich noch im Sattel aufrecht halten.

Im Alter von zweiundsechzig Jahren, etwa zehn Jahre nach der Hidschra, im Jahre 632 erlag Mohammed seiner Krankheit. Ibn Ishaq berichtet, wie er auf Aischas Schoß gebettet letzte Worte murmelte: Der erhabenste Gefährte sei der im Paradies.[145]

Während Mohammed seinem Schöpfer entgegentrat, um seine Existenz in den glückseligen Gärten der höchsten Himmel fortzuführen, stürzte sein Tod die jun-

ge Gemeinde in große Verwirrung. Auch wenn Mohammed stets betont hatte, dass er nur ein Mensch war, so
war es doch schwer begreiflich, dass ein Gesandter Gottes
auf so menschliche Art und Weise das Zeitliche segnete.
In diesen ersten chaotischen Stunden nach dem Ableben
Mohammeds bewies Abu Bakr große Besonnenheit und
seine gute Kenntnis des Korans. Während manch einer
sich schlicht weigern wollte, den Tod des Gesandten anzuerkennen – die Rede war davon, dass er in die Berge gegangen wäre, um nach einer unbestimmten Zeit zu den Muslimen zurückzukehren –, suchte Abu Bakr den Leichnam
auf und sah die unwiderrufliche Wahrheit. Darauf begab er
sich in die Moschee, wo er sprach: »O ihr Menschen, wer
von euch Mohammed anbetet, der wisse: Mohammed ist
gestorben! Wer aber Gott anbetet, sei beruhigt: Gott lebt
und stirbt niemals.«[146]

Am kommenden Tag wurde Mohammed gewaschen
und an eben jenem Ort, an dem er gestorben war, der Hütte Aischas, beerdigt.

NACHWORT

Die Offenbarung war beendet, die Sendung Mohammeds schien erfüllt. Er hinterließ den Koran, der auf losen Blättern und in der Erinnerung vieler Muslime fortbestand, und eine Gemeinschaft, deren symbolisches, spirituelles und politisches Zentrum bis zuletzt er selbst gebildet hatte.

In den letzten zwei Jahrzehnten seines Lebens hatte Mohammed viel erreicht, nun aber musste es die Aufgabe der Muslime werden, seinem Lebenswerk Dauer zu verleihen. Die Deutungshoheit über die Worte der Offenbarung, über richtig und falsch, muslimisch und nicht-muslimisch, über die Zukunft der Umma und ihre Form als Gemeinschaft fiel in die Hände der engen Gefährten Mohammeds, die bislang auf die göttliche Wahrheit, die ihnen vom Gesandten Gottes direkt übermittelt wurde, vertraut hatten. Nie wieder würde es eine einzige, endgültige Autorität geben, die ihre Fragen bezüglich der Religion, der Riten, der Gebote und Gesetze beantworten könnte. Allein der Koran und die erinnerten Worte des Propheten konnten noch zurate gezogen werden.

Während die Vision einer einzigen und einigen islamischen Umma in den Machtkämpfen, die bald nach Mohammeds Tod ausbrachen, unterging, entstand die vereinheitlichte Fassung des Korans, die in ihren Grundzügen bis heute erhalten ist. Anhand dieser göttlichen Quelle und mithilfe der überlieferten Aussprüche und Taten des Propheten begann die lange und andauernde Diskussion über das Wesen des Islams und die Lebensweise des guten Muslims – vom Wandel der Zeit immer wieder aufs Neue entfacht.

Die Geschichte des Islams hatte ihren Anfang genommen. Sie ist es, die uns bis heute mit dem Leben des arabischen Propheten verbindet. Über vierzehnhundert Jahre wurde die Erinnerung an ihn aufrechterhalten. Über seiner Grabstätte in *al-Medina al-Munauwwara* wurden eine grüne Kuppel und eine große Moschee errichtet. Zahllose Muslime besuchen sie alljährlich und machen aus ihr ein Zentrum islamischer Spiritualität.

Wenn es auch kaum Abbilder und keine Figuren Mohammeds gibt, so ist doch die Kalligrafie seines Namens allgegenwärtig in der Lebenswelt der Muslime. Eingraviert auf verzierten Anhängern schmückt sie die Rückspiegel vieler Taxis, die die Menschen zielsicher durch das Chaos manch überfüllter Innenstadt bringen. Wenn die Fahrer die Motoren laufen lassen, obwohl der Verkehr in den verstopften Straßen stillsteht, und sie kurz davor sind, die Nerven zu verlieren, wegen des Lärms der Autos, der wütenden Rufe ihrer Kollegen und des unnachgiebigen Hupens, in einer Luft, die nach Abgas riecht und schmeckt, und angesichts einer Weltlage, die von Schreckensnachrichten bestimmt ist – aus den Boxen der Autoradios, den Gesprächen mit der ständig wechselnden Kundschaft und den Zeitungen, die auf den Beifahrersitzen zurückgelassen werden, erfahren sie einfach alles –, dann genügt ihnen ein Blick auf den Namen des Propheten und sie beruhigen sich und begegnen dem Irrsinn der Tage mit einem Lächeln.

Mohammed ist nicht nur der Gründungsvater einer Religion, nicht nur eine historische Gestalt. Er ist ein Symbol, das wohl für jeden Muslim auch persönliche Bedeutung hat. Ein Vorbild an Glauben, an Ausdauer und Zuversicht. Ein Vorbild der richtigen Lebensführung. Er ist der Gesandte Gottes, der durch den Koran und die Überlieferungen noch immer zu den Menschen kommt. Im stickigen Gedränge einer Kairoer U-Bahn, die irgendwo unter der Erde im Tunnel feststeckt, bis die Menschen allmählich die Geduld verlieren und vor lauter Angst und Aufregung die ganze Welt verfluchen, sitzen immer auch ein Mann oder eine Frau, die leise die Worte, die ihr Prophet ihnen überbracht hat, murmeln und den Blick erst heben, wenn die Fahrt weitergeht.

Zu dem Ungewöhnlichen und Kostbaren, das die Religionen offenbar vermitteln können, gehört nicht zuletzt dieser besondere Glaube, der dem einzelnen Menschen hilft, wenn er in Bedrängnis gerät. Wie groß die Freude, die Zuversicht und die Unterstützung sind, die mancher Gläubige durch seine Religion erfährt, ist nicht abzuschätzen. Und niemand zählt, wie oft sich ein Mensch aufgrund seines Glaubens und seiner Religion – um sich seinem Propheten nahe zu fühlen – für etwas Gutes entscheidet: etwa indem er dort hilft, wo Hilfe nötig ist; oder einen Fremden freundlich willkommen heißt; oder seine Fehler bereut und alles dafür tut, um Schaden wiedergutzumachen. Viele Kriege werden im Namen der Religionen geführt und Mord und Totschlag werden zu Ehren der Propheten verübt. Das gute Potenzial ebendieser Religionen und ebendieser Propheten kann aber trotzdem nicht geleugnet werden. Zahllose Menschen schöpfen aus ihrem Glauben eine positive Kraft, die sie selbst nur schwer in Worte fassen können. Und wie viel schwerer ist es gar, den Glauben eines Menschen von außen nachzuvollziehen? Was fühlt ein Gläubiger, wenn er sich im Gebet niederwirft oder zu Füßen einer Marienfigur eine Kerze entzündet? Und welche Bedeutung haben die Geschichten über seinen Propheten für ihn? Was heißt es, die Nähe Gottes zu spüren? Wer sich nicht mit pauschalen Erklärungen zufrieden gibt und nicht leichtfertig von sich selbst auf andere schließt, sondern offen und neugierig dem ihm Unbekannten begegnet, der wird im Glauben der anderen immer auch ein wunderbares Rätsel erkennen.

Als ich auf dem Mosesberg übernachtete, weckte mich um zwei oder drei Uhr in der Früh das laute Geräusch von Schritten im Kies. Ich stand auf; ich wollte wissen, wer da ist und aus welchem Grund. Und da sah ich, dass in der winzigen Kapelle, die wohl zum Katharinenkloster gehörte, schwaches Licht brannte. In der Hoffnung, ein nächtliches, orthodoxes Ritual mitzuerleben, lief ich zu ihrem Tor, das tatsächlich offen stand. Ein Mönch in schwarzer Kutte schlüpfte gerade hinein. Er warf mir noch einen grußlosen Blick zu, schon zog er die Tür hinter sich ins Schloss. Ich war ausgeladen. Trotzdem schlich ich um die Kapelle herum, um vielleicht durch ein Fenster in ihr Inneres zu spähen. Durch die Ritzen der Fensterläden war aber nur das ruhige Flackern von Kerzenlicht zu erkennen. Meine Neugier blieb unbeantwortet. Ich setzte mich auf einen Felsen nahe des Eingangs und wartete, ich weiß nicht, worauf. Die Mönche hatten begonnen zu singen, leise und dumpf, in mir unverständlicher Sprache. Eine Weile hörte ich zu und malte mir im Geiste aus, wie die Kuttenträger in den Bänken hockten und an ein schlichtes Kreuz gerichtet beteten. Währenddessen beobachtete ich die Schatten der Steine und Felsen, die das Mondlicht langsam über die Erde schob. Etwa eine halbe Stunde nahm ich auf diese Weise doch noch teil an dem gespenstischen Gottesdienst. Dann ging ich zurück zu meinen Freunden, kroch unter die stinkende Wolldecke und starrte noch ein paar Minuten in den klaren Sternenhimmel, bevor ich einschlief.

So unsagbar das Göttliche erscheinen mag, so sehr lieben es die Menschen doch, es immer und immer wieder zu umschreiben, in Bildern der Natur, in kurzen und langen Geschichten, in theoretisch-philosophischen Spekulationen. Die rückhaltlose, ja verzehrende und brennende Liebe zu Gott ist eines der reichsten Themen islamischer Poesie. Ebenso zahlreich sind die Versuche der großen dichtenden Mystiker, die tiefe Bedeutung, die sie ihrem Propheten beimessen, in Worte zu fassen. Ein paar Nummern kleiner, mit einer etwas prosaischeren Anekdote, möchte ich meine Annäherung an Mohammed schließen.

Auf einer der schnellen Nachtfahrten durch Kairo, wenn die Straßen endlich frei sind und die Fahrer Vollgas geben, fragte ich den Taxifahrer, warum er denn immerzu lache und dabei den Kopf schüttele. »Weißt du«, begann er zu erzählen, »heute ist mein fünfter Sohn zur Welt gekommen. Lange hatte ich überlegt, welchen Namen er bekommen sollte. Ich wollte ihm einen der neunundneunzig Namen Allahs geben. Zum Schluss aber habe ich ihn Mohammed genannt – denn ohne Mohammed wüsste ich nicht nur keinen der neunundneunzig Namen Allahs, nein, ich wüsste nicht einmal, dass es Allah gibt. Und weißt du, bei jedem meiner Söhne ist es mir genauso ergangen. Darum heißen sie: Mohammed, Mohammed, Mohammed, Mohammed und Mohammed.«

QUELLENANGABEN

VORWORT

[1] Siehe: Suleiman Mourad im Dialog mit Perry Anderson, Rätsel des Buches, Lettre, Nr. 106, 2015.

MOHAMMED DER ARABER

[2] Vgl.: Ibn Ishaq, as-Sirat an-Nabawiyya, Kairo, 1955, S. 162

[3] Vgl.: Rudi Paret, Mohammed und der Koran: Geschichte und Verkündigung des arabischen Propheten, Stuttgart: Kohlhammer, 2001, S. 27 f.

[4] Der Dichter Tarafa über seinen Stamm. Zitiert aus: Renate Jacobi, Studien zur Poetik der altarabischen Qaside, Wiesbaden: Steiner, 1971, S. 75

[5] Vgl.: Ibn Ishaq, as-Sirat an-Nabawiyya, S. 163 (Falls keine Übersetzung angegeben, hat der Autor den zitierten Text selbst aus dem Arabischen übertragen.)

[6] Vgl.: Ibn Ishaq, as-Sirat an-Nabawiyya, S. 164

[7] Vgl.: Ibn Ishaq, as-Sirat an-Nabawiyya, S. 158

[8] Siehe: Ibn Ishaq, In: the Encyclopaedia of Islam, Leiden: Brill 2015

[9] Vgl.: Ibn Ishaq, as-Sirat an-Nabawiyya, S. 164 f.

[10] Vgl.: Ibn Ishaq, as-Sirat an-Nabawiyya, S. 166

[11] Vgl.: Ibn Ishaq, as-Sirat an-Nabawiyya, S. 180–182

[12] Vgl. Paret, S. 13

[13] Vgl.: Ludwig Ammann, Die Geburt des Islam – historische Innovation durch Offenbarung, Göttingen: Wallstein-Verlag, 2001, S. 29

[14] Vgl.: Tilman Nagel, Mohammed – Leben und Legende, München: Oldenbourg, 2008, S. 82

[15] Vgl.: Tilmann Nagel, Allahs Liebling – Ursprung und Erscheinungsformen des Mohammedglaubens, München: Oldenbourg, 2008. – In der Zeit der alten Araber war man überzeugt, dass der Mensch sein Leben selber bestimme, sofern er sich für seine Ziele der Unterstützung der Gottheiten versicherte. (S. 38)

[16] Vgl.: Ibn Ishaq, as-Sirat an-Nabawiyya, S. 151

[17] Vgl.: Ibn Ishaq, as-Sirat an-Nabawiyya, S. 151–155

[18] Siehe: Amir Hussain, Images of Muhammad in literature, art and music, In: Jonathan Brockopp (Hrsg.), The Cambridge Companion to Muhammad, Cambridge [u.a.]: Cambridge Univ. Press, 2010, S. 287 f.

[19] Vgl. Ibn Ishaq, as-Sirat an-Nabawiyya, S. 192–196

[20] Vgl.: Ibn Ishaq, as-Sirat an-Nabawiyya, S. 189

[21] Vgl.: Ibn Sad: Kitab at-Tabaqat al-Kubra, Band I, Beirut: Dar al-Kutub al-almiyya, 1990, S. 84 f.

[22] Vgl.: Hartmut Bobzin, Mohammed, München: C.H. Beck, 2014, S. 25–29

[23] Der Neffe, Adoptivsohn und spätere Schwiegersohn des Propheten.

[24] Muhammad Ibn Isa at-Tirmizi, asch-Schama'il al-Muhammadiyya, ins Dt. übertr. von Abd al-Hafidh Wentzel, Hellenthal: Warda-Publ., 2008, S. 30. Siehe auch: Ibn Ishaq, as-Sirat an-Nabawiyya, S. 401

[25] At-Tirmizi, asch-Schama'il al-Muhammadiyya, S. 33 f.

[26] At-Tirmizi, asch-Schama'il al-Muhammadiyya, S. 35

Mohammed der Gesandte

[27] Vgl.: Ludwig Ammann, Die Geburt des Islam, 2001, S. 36

[28] Ibn Ishaq, as-Sirat an-Nabawiyya, S. 237

[29] Sämtliche Koranzitate hat der Autor unter Zurateziehung maßgeblicher Koranübersetzungen aus dem Arabischen ins Deutsche übertragen.

[30] Vgl.: The history of at-Tabari, Volume VI, Mohammed at Mecca, übersetzt und kommentiert von Montgomery Watt, Albany, NY: State Univ. of New York Press, 1988, S. 71

[31] Ibn Ishaq, as-Sirat an-Nabawiyya, S. 238

[32] Siehe: Q 16, 44

[33] Das Wort »Kalif« bezeichnet den religiös-politischen Nachfolger des Propheten.

[34] Siehe: Adel Theodor Khoury, Der Koran, Düsseldorf: Patmos, 2005, S. 29 f.

[35] Vgl.: Hartmut Bobzin, Der Koran. Eine Einführung, München: Beck, 2014, S. 27.

[36] Vgl.: Massimo Campanini, the Qur'an – the basics, übersetzt von Oliver Leaman, London [u.a.]: Routledge, 2007, S. 69.

[37] Vgl.: Tilman Nagel, Islam – die Heilsbotschaft des Korans und ihre Konsequenzen, Westhofen: WVA-Verlag. Skulima, 2001, S. 77

[38] Vgl.: Ibn Sad: Kitab at-Tabaqat al-Kubra, Band IV, S. 71

[39] Ibn Sad: Kitab at-Tabaqat al-Kubra, Band III, S. 111

[40] Siehe: Q 26, 214

[41] Vgl.: The history of at-Tabari, Volume VI, S. 89–91

[42] Siehe: Lettre, Nr. 106, S. 123

[43] Ibn Ishaq, as-Sirat an-Nabawiyya, S. 265

[44] Vgl.: Ibn Ishaq, as-Sirat an-Nabawiyya, S. 290 f.

[45] Siehe: Q 33, 33–38

[46] Vgl.: Ibn Ishaq, as-Sirat an-Nabawiyya, S. 263

[47] Vgl.: Ibn Ishaq, as-Sirat an-Nabawiyya, S. 344

[48] Navid Kermani, Gott ist schön, München: C.H. Beck, 1999

[49] Vgl.: Tilman Nagel, Allahs Liebling, S. 32–34

[50] Siehe: Q 52, 29–33

[51] Vgl.: Tilman Nagel, Mohammed: S. 90–92

[52] Vgl.: Ibn Ishaq, as-Sirat an-Nabawiyya, S. 321; siehe: Tilman Nagel, Mohammed, S. 208–221

[53] Vgl.: Q 56, 12–23.

[54] Vgl.: Ibn Ishaq, as-Sirat an-Nabawiyya, S. 377

[55] Ibn Ishaq, as-Sirat an-Nabawiyya, S. 416

[56] Siehe auch Sure 28.

[57] Vgl.: Ibn Ishaq, as-Sirat an-Nabawiyya, S. 419

[58] Vgl.: Tilman Nagel, Mohammed, S. 235–237

[59] Vgl.: Q 17, 76–77

[60] Vgl.: Q 33, 40

[61] Vgl.: Ibn Ishaq, as-Sirat an-Nabawiyya, S. 419–421

[62] Vgl.: Q 72, 1–2

[63] Vgl.: Ibn Ishaq, as-Sirat an-Nabawiyya, S. 422

[64] Vgl.: Ibn Ishaq, as-Sirat an-Nabawiyya, S. 428 f.

[65] Plural von Umma

[66] Vgl.: Ibn Ishaq, as-Sirat an-Nabawiyya, S. 402

[67] Siehe: Encyclopedia of Islam, Miraj

[68] Edeltraut Wernder, die Jenseitsreise Mohammeds: Liber Scale Machomete – Kitab al-Miraj, Hildesheim; Zürich [u.a.]: Olms, 2007, S. 83 f.

[69] Vgl.: Uri Rubin, Muhammad's Night Journey (Isra) to al-Masjid al-Aqsa. In: Uri Rubin, Muhammad the Prophet and Arabia, Farnham: Ashgate, 2011, S. 148 f.

[70] Die Jenseitsreise Mohammeds, S. 87 f.

[71] Die Jenseitsreise Mohammeds, S. 93

[72] Die Jenseitsreise Mohammeds, S. 97

[73] Die Jenseitsreise Mohammeds, S. 108–110

[74] Ibn Ishaq, as-Sirat an-Nabawiyya, 407 f.

[75] Siehe: Martin Lings, Muhammed: sein Leben nach den frühsten Quellen, Kandern: Spohr, 2000, S. 239

[76] Vgl.: as-Sirat an-Nabawiyya, S. 441

[77] Vgl.: as-Sirat an-Nabawiyya, S. 441 f.

[78] Vgl.: as-Sirat an-Nabawiyya, S. 448

[79] Vgl.: as-Sirat an-Nabawiyya, S. 483

[80] Siehe: Encyclopedia of Islam, Hidschra

[81] Vgl.: Die Geburt des Islam, S. 52

[82] ebenda

[83] Vgl.: The Life of Muhammad, al-Waqidi's Kitab al-Maghazi, übersetzt von Rizwi Faizer, London [u.a.]: Routledge, 2011, S. 40

[84] Vgl.: The Life of Muhammad, al-Waqidi's Kitab al-Maghazi, S. 22

[85] Vgl. Tilman Nagel, Mohammed, S. 528

[86] Vgl.: Uri Rubin, The case of Muhammad's hijra, In: Uri Rubin, Muhammad the Prophet and Arabia, S. 45

MOHAMMED DER ANFÜHRER

[87] Vgl.: Ibn Ishaq, as-Sirat an-Nabawiyya, S. 492

[88] Julius Wellhausen, Skizzen und Vorarbeiten, S. 20

[89] Vgl.: Julius Wellhausen, Skizzen und Vorarbeiten, S. 19 f.

[90] Salma Bint Amr an-Naddscharijja

[91] Vgl.: Ibn Ishaq, as-Sirat an-Nabawiyya, S. 495

[92] Siehe: Tilman Nagel, Mohammed, S. 345

[93] Julius Wellhausen, Skizzen und Vorarbeiten, S. 76

[94] Vgl.: Ibn Ishaq, as-Sirat an-Nabawiyya, S. 501

[95] Vgl.: Julius Wellhausen, Skizzen und Vorarbeiten, S. 76

[96] Vgl.: Ibn Ishaq, as-Sirat an-Nabawiyya, S. 503

[97] Vgl.: The Life of Muhammad, al-Waqidi's Kitab al-Maghazi, S. 91

[98] Ibn Ishaq, as-Sirat an-Nabawiyya, S. 503

[99] Ibn Ishaq, as-Sirat an-Nabawiyya, S. 503

[100] Ibn Ishaq, as-Sirat an-Nabawiyya, S. 504

[101] Ibn Ishaq, as-Sirat an-Nabawiyya, S. 503

[102] Siehe: The Life of Muhammad, al-Waqidi's Kitab al-Maghazi, S. 8 f.

[103] Vgl.: Ibn Ishaq, as-Sirat an-Nabawiyya, S. 603

[104] Siehe: Lettre, Nr. 106, S. 125

[105] Vgl.: W. Montgomery Watt, Muhammed, Prophet and Statesman, London: Oxford Univ. Press, 1964, S. 95

[106] Vgl.: Ibn Ishaq, as-Sirat an-Nabawiyya, S. 505

[107] Vgl.: Ibn Ishaq, as-Sirat an-Nabawiyya, S. 606

[108] Vgl.: W. Montgomery Watt, Muhammed, Prophet and Statesman, S. 119

[109] Vgl.: Ibn Ishaq, as-Sirat an-Nabawiyya, S. 609

[110] Vgl.: The Life of Muhammad, al-Waqidi's Kitab al-Maghazi, S. 26

[111] Vgl.: Ibn Ishaq, as-Sirat an-Nabawiyya, S. 616

[112] Vgl.: Ibn Ishaq, as-Sirat an-Nabawiyya, S. 618

[113] Vgl.: Ibn Ishaq, as-Sirat an-Nabawiyya, S. 622

[114] Vgl.: Ibn Ishaq, as-Sirat an-Nabawiyya, S. 628

[115] Vgl.: The Life of Muhammad, al-Waqidi's Kitab al-Maghazi, S. 45 f.

[116] Vgl.: Ludwig Ammann, Die Geburt des Islam, S. 56

[117] Siehe: Sure 8 – Die Beute

[118] Q 2, 74

[119] Siehe: Q 2, 102

[120] Vgl.: Walter Dostal, von Mohammed bis al-Qaida – Einblicke in die Welt des Islams, Wien: Passagen-Verlag, 2008, S. 48

[121] Vgl.: Q 8, 57

[122] Vgl.: Ibn Ishaq, as-Sirat an-Nabawiyya, Band II, S. 48 f.

[123] Ibn Ishaq, as-Sirat an-Nabawiyya, Band II, S. 240

[124] Vgl.: Adel Theodor Khoury, Wer war Mohammed? Lebensgeschichte und prophetischer Anspruch, Freiburg im Breisgau: Herder, 1990, S. 89

[125] Vgl.: Ibn Ishaq, as-Sirat an-Nabawiyya, Band II, S. 241

[126] Vgl.: The Life of Muhammad, al-Waqidi's Kitab al-Maghazi, S. 281

[127] Vgl.: Ibn Ishaq, as-Sirat an-Nabawiyya, Band II, S. 309

[128] Vgl.: Ibn Ishaq, as-Sirat an-Nabawiyya, Band II, S. 314

[129] Vgl.: Ibn Ishaq, as-Sirat an-Nabawiyya, Band II, S. 317

[130] Vgl.: The Life of Muhammad, al-Waqidi's Kitab al-Maghazi, S. 397 f.

[131] Vgl.: The Life of Muhammad, al-Waqidi's Kitab al-Maghazi, S. 401

[132] Vgl.: The Life of Muhammad, al-Waqidi's Kitab al-Maghazi, S. 403

[133] Ibn Ishaq, as-Sirat an-Nabawiyya, Band II, S. 404

[134] Vgl.: The Life of Muhammad, al-Waqidi's Kitab al-Maghazi, S. 409

[135] Vgl.: Ibn Ishaq, as-Sirat an-Nabawiyya, Band II, S. 412

[136] Vgl.: Ludwig Ammann, Die Geburt des Islam, S. 57

[137] Vgl.: Ibn Ishaq, as-Sirat an-Nabawiyya, Band II, S. 499

[138] Vgl.: at-Tirmizi, Zitiert in: Der Hadith, Urkunde der islamischen Tradition, Band II, Gütersloh: Gütersloher Verl.-Haus, 2008, S. 272

[139] Vgl.: Adel Theodor Khoury (Hrsg.), Der Hadith, Band III, 2009, S. 255

[140] at-Tirmizi, Der Hadith, Band II, S. 305

[141] Vgl.: Ibn Ishaq, as-Sirat an-Nabawiyya, Band II, S. 642

[142] Buchari u. a. In: Der Hadith, Band II, S. 227

[143] Vgl.: Ibn Ishaq, as-Sirat an-Nabawiyya, Band II, S. 605

[144] Siehe: Q 4, 44–47

[145] Vgl.: Ibn Ishaq, as-Sirat an-Nabawiyya, Band II, S. 655

[146] Vgl.: Ibn Ishaq, as-Sirat an-Nabawiyya, Band II, S. 656

LITERATURVERZEICHNIS

QUELLEN

Ibn Ishaq, *as-Sirat an-Nabawiyya*, Kairo, 1955
Ibn Sad, *Kitab at-Tabaqat al-Kubra*, Beirut: Dar al-Kutub
al-Ilmiyya, 1990

ÜBERSETZTE QUELLEN

The Life of Muhammad, al-Waqidi's Kitab al-Maghazi,
übersetzt von Rizwi Faizer, London [u.a.]: Routledge, 2011
Muhammad Ibn Isa at-Tirmizi, *asch-Schama'il
al-Muhammadiyya*, ins Dt. übertr. von Abd al-Hafidh Wentzel,
Hellenthal: Warda-Publ., 2008
Adel Theodor Khoury (Hrsg.), *Der Hadith, Urkunde der
islamischen Tradition*, Band II–III, Gütersloh: Gütersloher
Verlagshaus, 2008
Edeltraut Wernder, *Die Jenseitsreise Mohammeds: Liber Scale
Machomete – Kitab al-Miraj*, Hildesheim; Zürich [u.a.]: Olms,
2007
The history of al-Tabari, Volume VI, Mohammed at Mecca,
übersetzt und kommentiert von Montgomery Watt, Albany,
NY : State Univ. of New York Press, 1988

ZU MOHAMMED

Hartmut Bobzin, *Mohammed*, München: Beck, 2014
Uri Rubin, *Muhammad the Prophet and Arabia*, Farnham:
Ashgate, 2011

Jonathan Brockopp (Hrsg.), *The Cambridge Companion to Muhammad*, Cambridge [u.a.]: Cambridge Univ. Press, 2010

Tilman Nagel, *Mohammed – Leben und Legende*, München: Oldenbourg, 2008

Tilmann Nagel, *Allahs Liebling – Ursprung und Erscheinungsformen des Mohammedglaubens*, München: Oldenbourg, 2008

Walter Dostal, *Von Mohammed bis al-Qaida – Einblicke in die Welt des Islams*, Wien: Passagen-Verlag, 2008

Ludwig Ammann, *Die Geburt des Islam – historische Innovation durch Offenbarung*, Göttingen: Wallstein-Verlag, 2001

Rudi Paret, *Mohammed und der Koran: Geschichte und Verkündigung des arabischen Propheten*, Stuttgart: Kohlhammer, 2001

Julius Wellhausen, *Skizzen und Vorarbeiten*, Berlin: de Gruyter, 1985

W. Montgomery Watt, *Muhammed, Prophet and Statesman*, London: Oxford Univ. Press, 1964

Montgomery Watt, *Mohammed in Medina,* Oxford: Clarendon Press, 1956

Zum Koran

Hartmut Bobzin, *Der Koran. Eine Einführung*, München: Beck, 2014

Massimo Campanini, *The Qur'an – the basics*, übersetzt von Oliver Leaman, London [u.a.]: Routledge, 2007

Adel Theodor Khoury, *Der Koran*, Düsseldorf: Patmos, 2005

Tilman Nagel, *Islam – die Heilsbotschaft des Korans und ihre Konsequenzen*, Westhofen: WVA-Verlag Skulima, 2001

Just, Lorenz
Mohammed – Das unbekannte Leben des Propheten
ISBN 978 3 522 30421 4

Lektorat: Frank Griesheimer
Einbandgestaltung: Henry's Lodge
Innentypografie: Kadja Gericke
Reproduktion: Medienfabrik GmbH, Stuttgart
Druck und Bindung: GGP Media GmbH, Pößneck

© 2015 Gabriel in der Thienemann-Esslinger Verlag GmbH,
Stuttgart.
Printed in Germany. Alle Rechte vorbehalten.
© Lorenz Just. Dieses Werk wurde vermittelt durch die
Literarische Agentur Michael Gaeb.